波動で見抜く人生の真実

野村迪子

たま出版

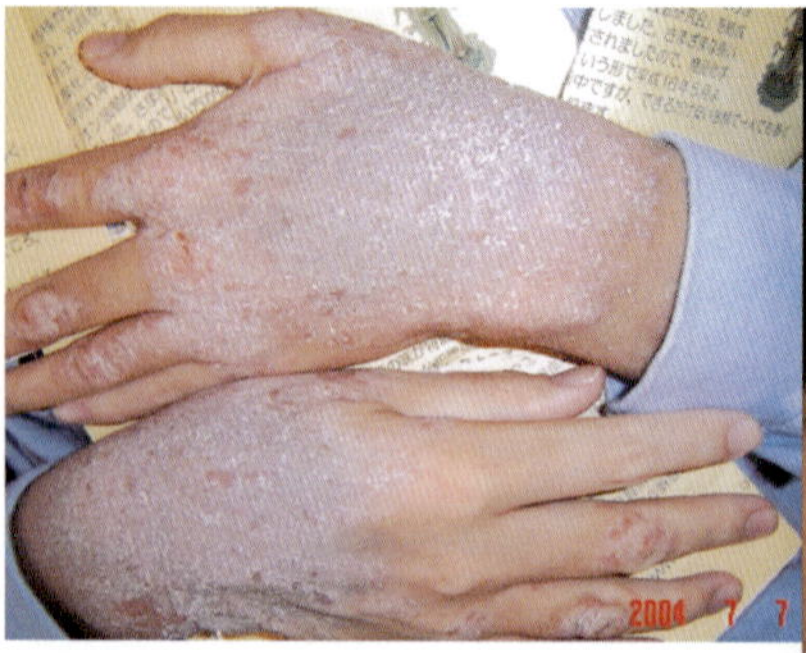

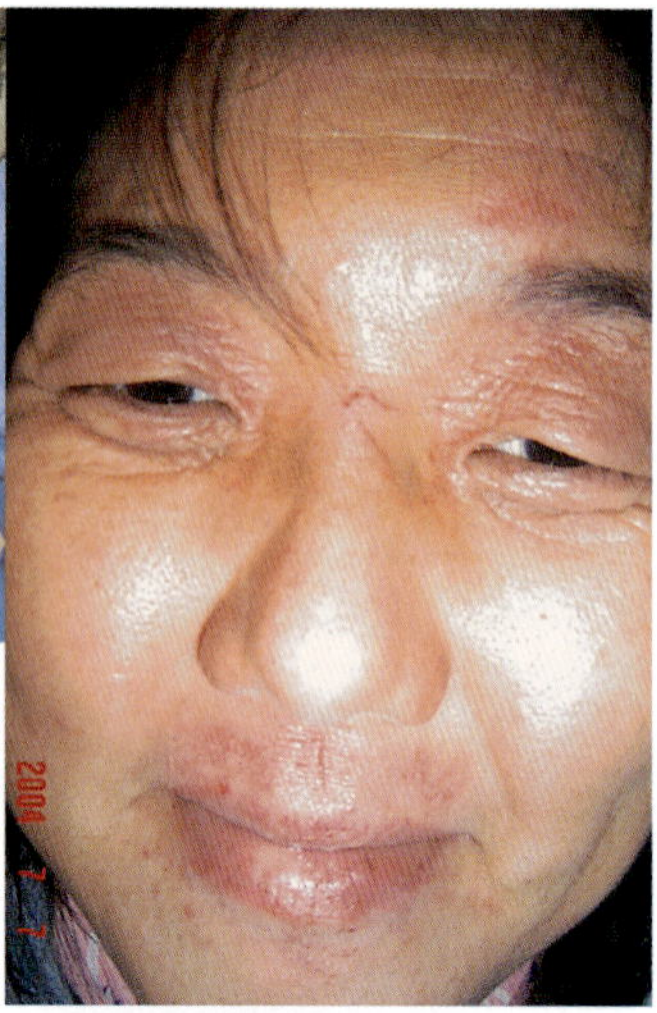

こんなにひどかったアトピーの症状（写真上・右）も半年後には、すっかりきれいに（写真下）。詳しくは本文178頁をご覧ください

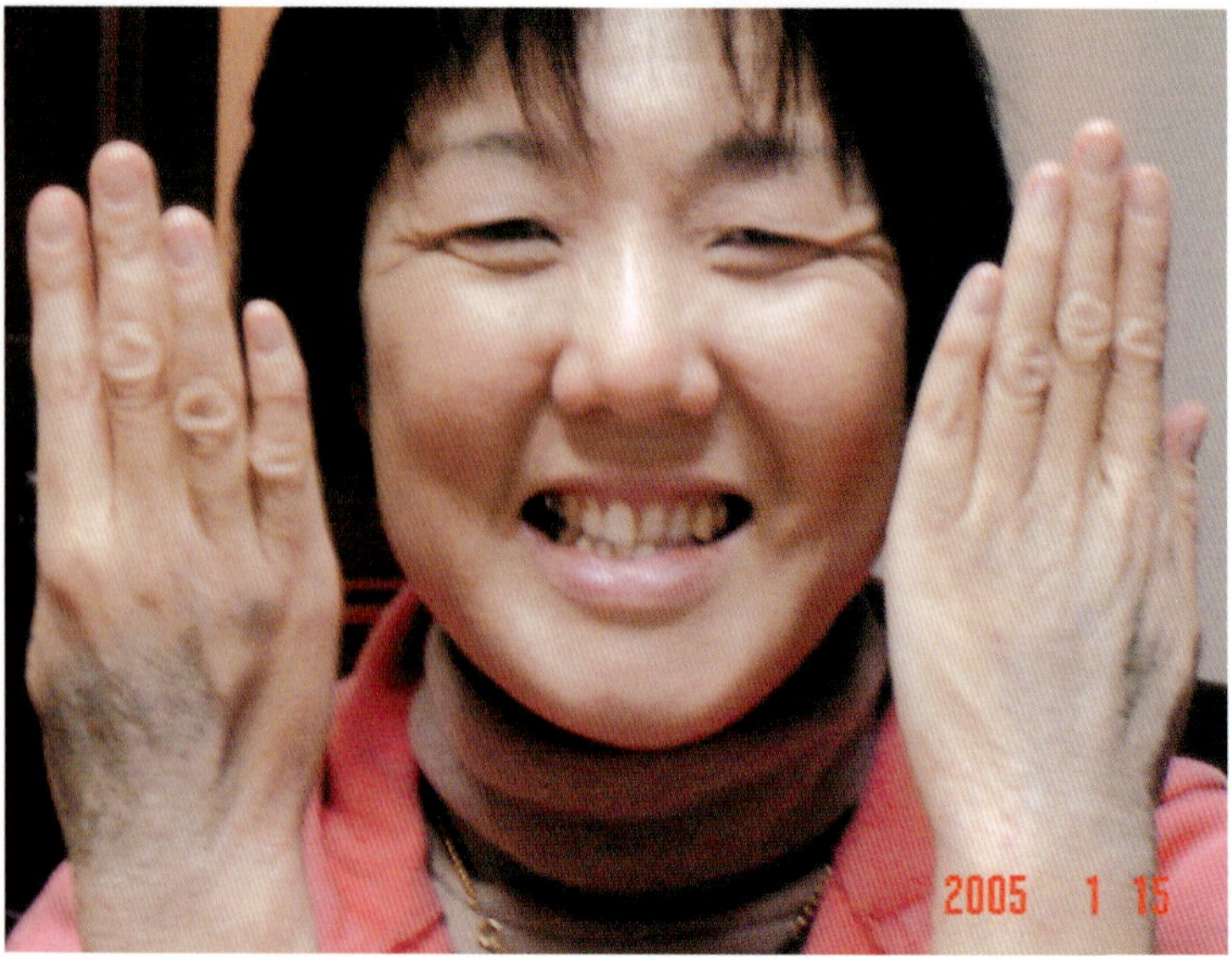

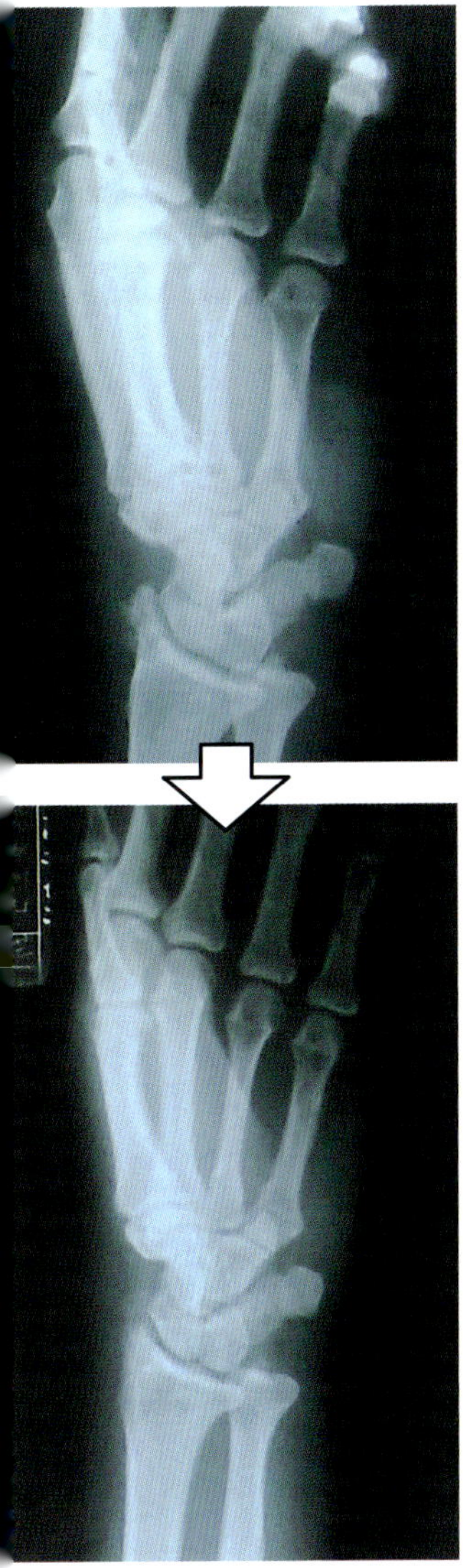

骨折時のレントゲン写真（上）には指のところに霊が！　痛みが引いた後、霊は消えている（写真下）。

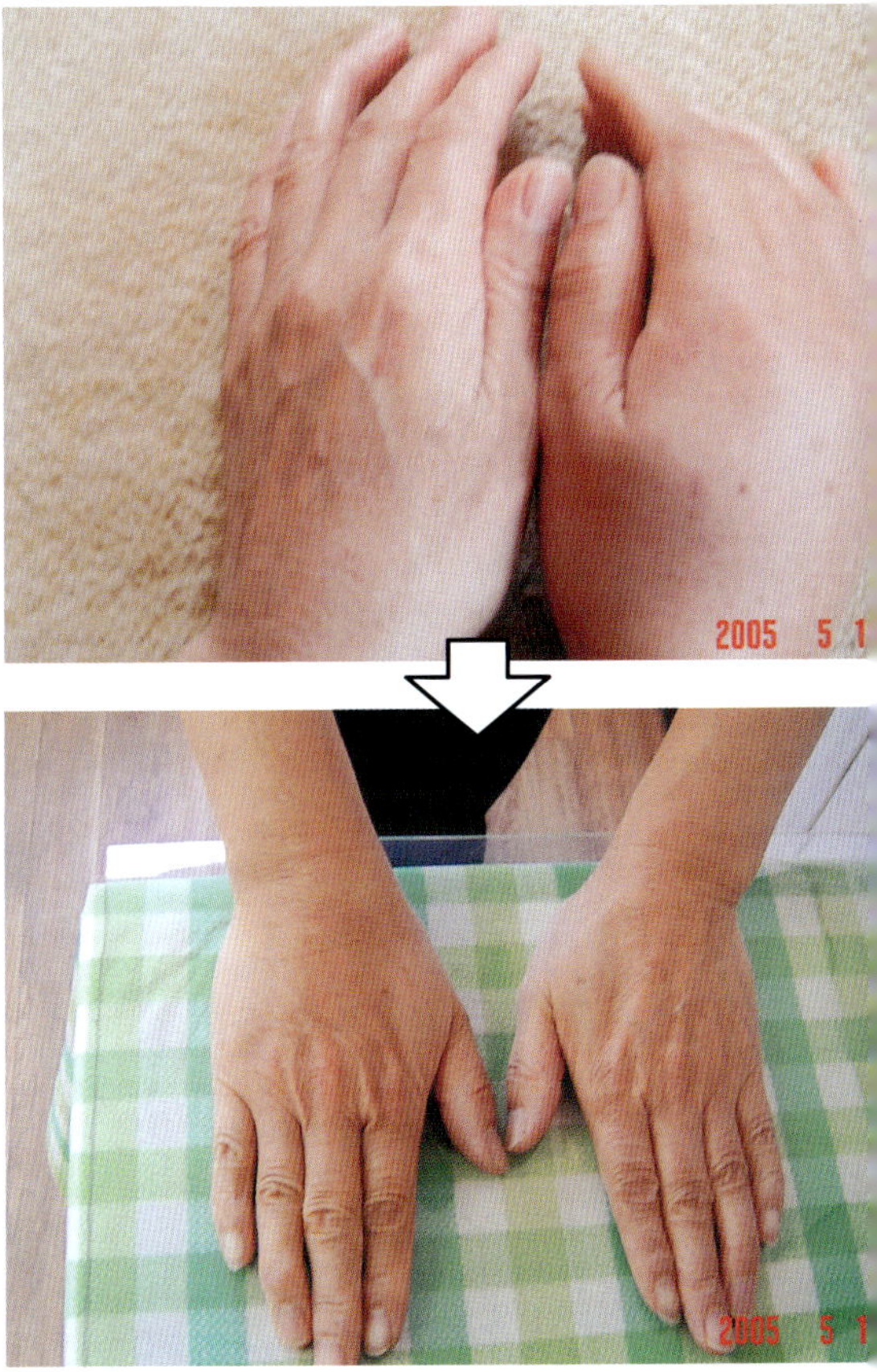

骨折で腫れ上がった右手だった（写真上）が、今は元通り（写真下）に。194頁でさらに詳しく！

奇跡！こんなすごいジンマシンも4時間できれいに!!
その理由は、本文35頁にあります

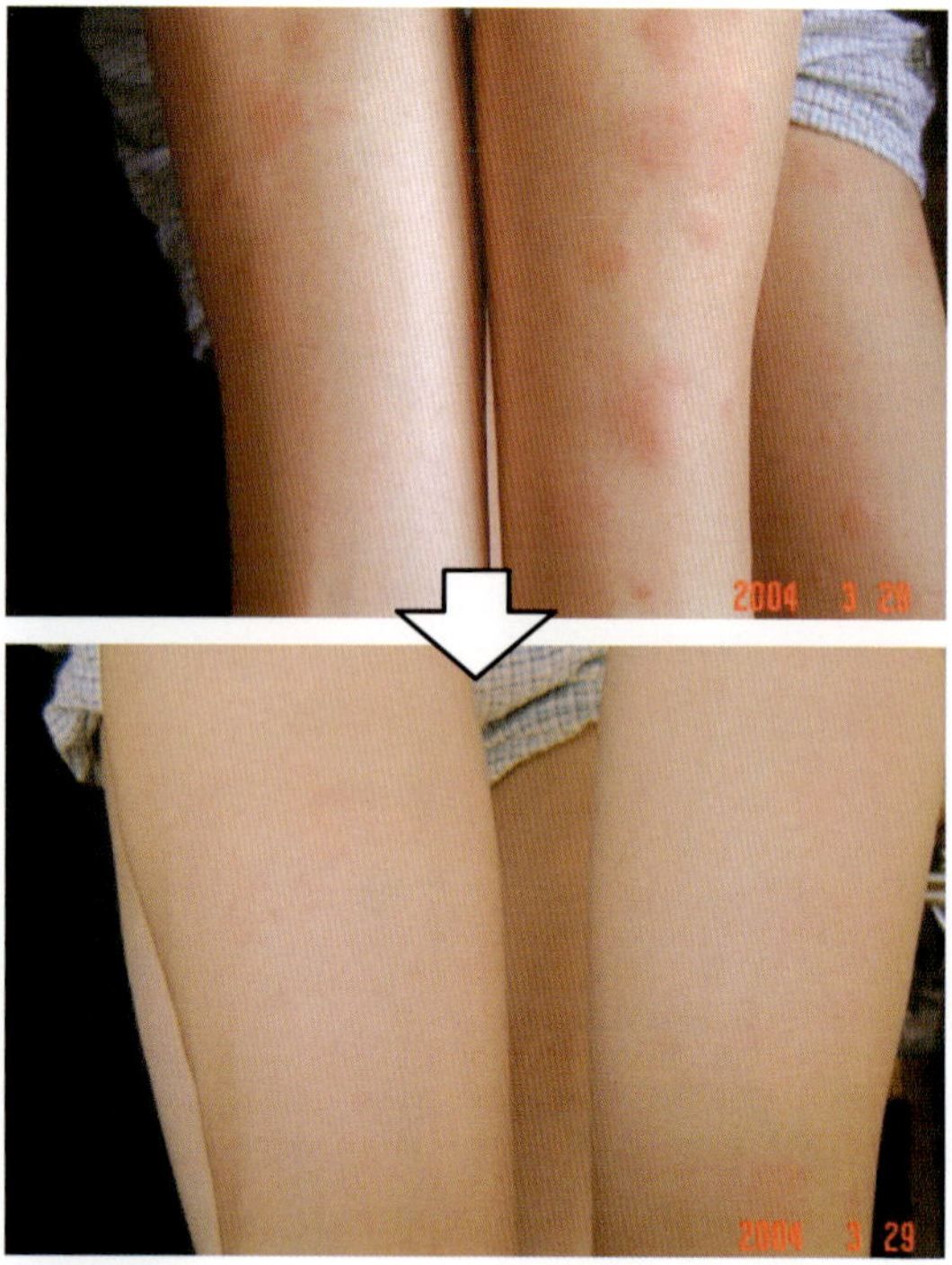

猫の目にも涙？ そして猫にもてあそばれる謎の物体！の真相は87頁と91頁を、それぞれご覧ください

はじめに

私は主婦です。でも、普通の主婦とは少し違っています。それというのも、18年前にアイデア商品を思いつき、ヒットさせたからです。

その商品は、主婦ならではの発想である、まさに生活必需用品ともいうべきものでした。それからというもの、毎年のように新しい商品を企画開発し、これまでに10商品を世の中に送り出しました。アイデア商品の業界は、10の商品のうち一つでもヒットすれば大成功といわれるほど、競争の激しい業界です。そういうなかにあって、ほとんどの商品をヒットさせることができたのは、たいへん幸運だったといえます。

私は、日常生活のなかで困ったことがあると、こんな時こんなものがあるといいなあという発想で商品の企画に取り組んできたわけですが、おそらくそれらが主婦のみなさんの要望にマッチしたのではないかと思っています。現在もなお多くの方からご注文をいただき、生協やデパートなどに出荷しております。本当にありがたく、感謝の気持ちでいっぱいです。

しかし世の中が変わるにつれて、アイデア商品の業界もずいぶん変わってきました。なかでも、アイデア商品の業界に大きな影響を与えたのは、中国経済の発展と開放政策です。そのおかげで、あちらこちらに１００円ショップや99円ショップが林立し、店頭には、これが本当に１００円なの？　と、びっくりするほど、ありとあらゆる種類の商品が並ぶようになりました。それが低価格競争を激化させ、日本国内でアイデア商品を産み続けていくことが、とても難しくなりました。

そこで最近では、新商品の企画に着手することはなく、これまで開発した商品をお客様のニーズに合わせて出荷させていただくほうに力を注いでいます。

そんなある日、友人の話がきっかけとなり、私は波動の世界に興味を持ち、ライフ・フィールドという会社から出された波動機に出合いました。

そうして体のそれぞれの部位の波動を測定すると、そのたびにすぐさま、＋（＝以下本文、プラスと表記）〇〇、－（＝以下本文、マイナスと表記）〇〇という数値が弾《はじ》き出されます。それによって、体の状態や具合が判断できるのです。

私は毎日のように測定の練習をし、やがて波動機の扱い方をマスターすると、ますます波動機にのめり込むようになりました。その奥深さを、もっともっと追究したいと思うようになったのです。

　そうこうするうち、私は次々と不思議な体験をするようになりました。それは誰も知らない不思議な世界との出合いそのものでした。

　世の中には、波動機なるものを扱っている方が大勢おられて、それぞれに独自の主旨と用途をお持ちのようです。そういうなかで、私も独自の道を探究したいという強い思いがありました。なぜなら、私は自分が背負ってきた数々の不幸な出来事の原因を知りたかったからです。前に進むために、不幸の原因を解明し、私の不幸な歴史に終止符を打たなければと思ったのです。

　30年前、私は１歳１カ月になったばかりの本当にかわいい盛りの長男を、残酷な死に方で亡くしました。その辛さ、悲しさはたとえようもありません。それ以来、私から笑顔が消え、季節が変わっても心は閉ざされたまま開かれることはありませんでした。

　２年後に授かった次男も生まれた時から食が細く、４歳の時に難病にかかり、現在まで16回も入退院を繰り返しています。また、私自身も乳癌を患い、片方の乳房を切除しました。ですから健康について、私は人一倍関心が強かったのです。

そんなある日、前述した波動機と出合った私は、これこそ私が求めていたものだと直感しました。そしてさらに奥深く追究したいとの思いが、ますます強いものになっていきました。

その結果、ついに長男の亡くなった原因、次男の難病にかかった原因等を解明することができたのです。それは、後ほどご紹介します霊の実在、神の実在を波動で解明できたということです。その後も私は毎日、学びと体験と感動の日々を送っています。

また、波動機を健康のバロメーターとしても、利用しています。特に自分の体が不調なときは、必ずその原因を調べることにしています。それによって、いろいろなことを解明できるからです。尿を例にあげますと、色が濃くてくさい尿が出たときは、第2頸椎の悪い尿毒症の霊が憑き、尿が便器いっぱい泡だらけになったときには、糖尿の霊が憑いていることが分かりました。また、尿の出が悪く残尿感があるときは、腎臓疾患の霊が憑き、排尿時に痛みを伴う場合は、尿細菌の霊が憑いているということも分かりました。

また、虫歯があるときは、波動が合うのか歯の悪い関係の霊が寄って来ました。歯周病の霊が来たり、歯根濃胞の霊が来たりしました。先日、ちょうどベッドに入った時、我慢できないくらい痛くて寝ることもできず、起きて調べると、歯根濃胞のマイナス6の霊が来ていました。浄霊すると、すぐに痛みが取れて眠ることができました。

頭のほうでは、頭全体がボワーンとして我慢できない不快感のときはクモ膜下の霊が、また1カ所だけジリジリ痛いときは血栓の霊が、眠くてたまらないときは脳梗塞の霊が、それぞれ来ていたのです。また、足がむくんできたときには腎臓疾患の霊かリンパの悪い霊が、ものが二重に見えたときは乱視の霊が、来ていました。

こんな風に、病気や苦しみ等の原因は、痛い、苦しい、悲しい思いで亡くなられた方が、幽界に行けず、何十年、何百年たった今も、霊魂だけは生き続け、私達に訴えてきているのです。そうした霊が、私達の身体に憑くと、霊と同じような症状になってしまうことが多いのです。

私は前述のように、いろいろな霊の症状を体験させていただいたおかげで、今自分にどのような霊が来ているのかが分かるようになったのです。皆さんに対しても、症状を聞くだけで、どこを測定したらよいのか判断できるようになりました。

ところが、以前はそのようなことが分かりませんでしたから、後述する自分自身の3歳から現在までの霊障のほかに、何年も背中が痛かった時や何カ月も咳が続いた時など、辛い思いをした覚えがあります。しかし、どれも気づかないうちによくなっていたものです。

今から思えば、おそらくそれは、そういった疾患の例に憑かれ、知らないうちに私の体から離れてくれた、ということだったのに違いありません。

わが家のペットたちも、ご飯を食べないときやゲーゲー吐いているときに測定してみると、胃潰瘍の霊や胃癌の霊が憑いているし、息づかいが荒いときには心臓の悪い霊が憑いていました。また、ヘッピリ腰で跳びはね方が悪いなと思うと腰の悪い霊が憑いていましたし、鼻が乾いていたときにはリンパや風邪やインフルエンザ疾患の霊が来ていました。

私のところでは、すぐに浄霊してしまうので持病にもならず、病院へ行かなくてもすぐ解決できるようになってきました。それでも、放っておいたら何日かすれば出ていってくださったのかもしれませんし、気に入られて長居をされたのかもしれません。それは私にも分かりませんが、そんなことが日常茶飯事に起きているということです。

最近ちまたでは、犯罪史上まれにみるほど悲惨で残酷きわまりない事件が、次々と起こっています。それは、かつての平和な日本はいったいどこへいってしまったのだろうと嘆かざるをえないほどです。

私はそうした事件が起きるたびに、ニュースで流れる映像を写真に撮り測定しています。そのことにより、悲惨で残酷極まりない事件のほとんどに、霊的な障害があることを知りました。これは、自分のことながら、実にものすごい発見だと思います。本当に世界が変わる第一歩ではないかと思うのです。

波動機に出合ったことと、私をここまで導いてくださった大勢の仲間と霊的世界のことをお導きくださった田中贏諺《かづひこ》先生に感謝を捧げるとともに、ひとりでも多くの人にこの事実をお知らせしたいと思いました。私ひとりのものにしておくのは、もったいないと思ったのです。

世の中には、かつての私と同じような苦しみを抱えていらっしゃる方が、大勢いらっしゃるのではないでしょうか。そんな皆さまに、私の体験と知り得たことを聞いていただき、少しでもお役に立てたならこの上ない幸せです。そしてそれは、私にこの道を進むように導いてくださった神様の意図に、きっと沿うに違いないのです。

もちろんなかには、そんなバカな話はないと批判される方や反論される方もいらっしゃるでしょう。しかし、それはそれでかまわないと思っています。人というのは顔かたちが違うように、性格も考え方も違います。ですから、それぞれの意思に基づき、それぞれに合ったやり方を尊重して進めていけばよいのではないでしょうか。

ただし、過去にはこんな例がございました。今から約５００年前、ポーランドのコペルニクスという天文学者が、地球は太陽の周囲を回っていて、地球も地軸を中心に回転しているとの説を唱えました。いわゆる地動説です。みなさんよくご存知のように、当時はその反対の天動説が主流であったために、彼の理論は認められませんでした。その後、ガリレオ・ガリレイが天体望遠鏡を発明し、地動説の正当性は裏付けられることになります。

しかし、コペルニクスの著書『天体の回転について』が一時閲覧禁止になったり、ガリレオ・ガリレイは宗教裁判にかけられ、結局、終身刑の判決を言い渡されてしまいました。

そのように、いくらそれが正しく、真実であっても、まったく新しい理論を主張することは実に苦労の多い大変なことなのです。

私がこれから述べることも、多くの方の反論を呼ぶことになるかもしれません。しかし、それを承知で、やはりこの事実を皆さんにお伝えしないわけにはいかないと、私は思いました。それによって、一人でも多くの方が、現在抱えていらっしゃる苦しみや悩みから抜け出すことができたなら、それは私の思いが通じたということでもあり、私にとって、こんなにうれしく幸せなことはありません。

そして、それは私に与えられた使命であると感じています。

波動で見抜く人生の真実　目次

第2章　磁石ネックレスで難病も改善されて……43

プラチナ磁石ネックレス体験談集

第1章

波動機と磁石ネックレスで家族みんな幸せに

1．波動との出合い

■薬漬けと環境問題に取り組みたい

アイデア商品の開発も一段落し、子どもたちも一人前になり、ホッと安心の五十代になった私は、これからは世のため人のために何か役に立ちたい、何かやらせていただきたいと思うようになりました。そこで、そのためにはいったい何をすればよいのだろう、自分の使命とはいったい何なのだろうと考えるうちに、しだいに問題がクローズアップされてきました。

その問題とは、薬漬けと環境問題です。薬漬けとは、病気になったときにもらう薬の、あの多さ。それに、何かにつけてすぐに薬に頼る現代人の問題です。薬が病気に効くことはたしかですが、それだけ効く薬に副作用がないわけはありません。医者や病院での薬の多さは、その症状に対する薬とその薬の副作用を抑える薬、さらには副作用を抑える薬の副作用を抑える薬というように、薬の種類が増えていっているのです。このことは笑い話のようだと思う人もいるでしょうが、実際にそうなのです。病気になったときにもらう薬の効用は、いまは聞けば教えてくれますから、一度聞いてみてください。

もう一つはゴミ処理問題ですが、中でも一番気になるのは、毎日、毎日、朝・昼・晩出てきて、汁が出る、においが出る、生ゴミの処理です。私は以前、団地に住んでいたので、生ゴミを袋に入れて決められた場所へ持っていっていました。25年前、一戸建てを購入した時は、そのことが気になっていたので、生ゴミを処理できるくらいの庭を考えて、３坪くらいを畑スペースにしました。その中に生ゴミを入れるコンポを設置して、わが家の生ゴミはすべて、そこに入れて畑の肥料にしました。

12年前、現在の岡崎の地に引越してきた頃には、生ゴミ処理も進化してきていて、電気で乾燥させてしまうものが出ており、今度はこれを使ってみることにしました。乾燥させたものはためておいて、狭い畑に肥料として埋めました。その電気乾燥機も、最近調子が悪くなってきたところ、バイオ菌の生ゴミ処理機に出合いました。それはフタを開けて入れるだけで、数時間後には生ゴミがすべて後かたもなく消えて土になってしまう優れものです。このように、便利で良いものがどんどん開発されています。

生ゴミは、汁やにおい、ネコや鳥の害と、たくさんの問題をかかえています。時代も変わってきて、優れものがいっぱい出ていますので、各家に一つは備えてもらって、自分の家のことは自分で処理してほしいと思います。行政も、こういったものを各家にメリットがあるようなアイデアを考え、どんどん提供していけば、ゴミ予算がずい分減るのではないでしょうか。

そんなふうに、この二つの問題を考えていくうちに、なぜ私は、この二つの問題が気になって仕方がないのかも、分かりました。このすばらしい地球をなんとかこのまま残したい！　との一念からだったのです。

とはいえ、地球をこのまま残すなどという、とてつもなく大きなテーマを掲げてみても、私のようなちっぽけな者には何もできないじゃないか。そんなふうに思い返し、悩んでしまっていたある日、電話が鳴ったのです。

■友人の紹介で波動機に出合う

それは平成12年7月12日のことでした。電話の主は、よく私に情報を提供してくれる友人で、体について興味深い研究をしている先生がいるので、ちょっと出てきてみないかとのお誘いでした。これは、もしかしたら何か商品を紹介されるのかもしれない。そんな思いが、一瞬脳裏をよぎったのですが、買うか買わないかは自分で決めればよいのだからと思い直し、紹介された場所に出かけることにしました。

その場所に着くと、先生がおられて、波動機を使って私の体をいろいろと調べてくださいました。その頃の私は、健康にはかなり自信を持っていましたので、特に何の不安もありませんでした。ところが波動機は、私が過去に病気をしたところや階段から落ちて痛めた尾骨、バレーで痛めた膝などを、ピタリ、ピタリと当てていくのです。座っているだけなのに、なんでそんなことまで分かるの！

すっかり驚いた私は、

「ぜひ、主人と子どもたちも調べてください」

と、即座に予約を希望しました。すると先生は、８月１日ならスケジュールが空くので、あなたの家に行ってあげましょうと約束してくださいました。

そして、その８月１日は私にとってまさに特別な日だったのです。

■波動の幕開け

8月1日、奇《く》しくも私の人生が変わってしまった生涯忘れることのできない日、30年前に1歳1カ月で亡くなった長男・直由《なおゆき》の命日でした。後で分かったことですが、これもやはり偶然ではなく必然であって、この波動で私の目的・目標・やるべきことが解決できてくるのでした。

そんな不思議な日、8月1日からが波動の幕開けだったのです。波動とは、簡単にいえば人間も鉱物も植物も含めて、いっさいのものの原点ともいうべきものです。現代の科学では、人間の体をつきつめていくと、細胞→分子→原子→素粒子（ニュートリノやトップクォーク）になるといわれています。素粒子以降は宇宙エネルギーとされ、そこに波動・気・相があるというわけです。動物・植物・鉱物・写真・建物・土地等すべてのものから気が出ており、波動機でそれ（気）をとらえることができます。

医学の分野でも、ドイツでは医師が波動医学を活用し、波動士とともにさまざまな難病治療に役立てているとの報告もされています。悪い部位を周波数でキャッチし病気の大本《おおもと》の原因を見つけていこうというものです。そのように、世界でも進んでいるところでは波動医学をどんどん取り入れているのです。

また日本においても、このすばらしい波動を日本に導いてくださった方もいますし、精巧な波動機を製作してくださった方もいらっしゃいます。ここに改めて敬意を表すとともに、心より感謝申し上げたいと思います。本当にありがとうございました。これによって、21世紀の世界は確実に変わっていくことでしょう。

私はこの波動機によって生まれ変わることができました。それは私が主婦なればこそ、できた発見であると思っています。まさに、身近な生活の中から生み出されたものなのです。

なお、本文には多くの数値が登場しますが、それらの数値は私自身がセンサーとなることによって測定したものです。人によって多少違うともいわれていますが、一人が測定したものは、その人がすべてを測定することによって基準・データが合ってくるともいえます。この本の中の測定はすべて、私が測定した結果のデータということを、御承知くださ い。

霊的障害、そして動物霊等の見方は、私が独自に研究・開発したものであり、マイナス20という表現・数値となっております。また、お塩の中に霊を導入した後は、その中におられる霊体の正確な数値が出てきます。ご了承ください。

　そして、ＬＦＡの波動機では99までの数値が出ますが、正確にはプラス20からマイナス20までの数値が基本になります。ちなみに数値と体との関係は表1のようになります。

■万能磁石ネックレスに出合う

　波動機は、あくまでも身体の痛いところ、苦しいところの原因を探し出す機械。辛いところを探し出しても、病院

【表１】　波動測定の測定基準

	得点	おおよその評価
プラス	＋20	●＋18～＋20：非常に高いエネルギー値
	＋15	●＋14～＋17：良いエネルギー値、食品ならば大変良いもの。
	＋10	●＋７～＋13：一般的なエネルギー値、人間ならいわゆる健康人。食品・薬品などでも一般的な数値。
	＋５	●＋０～＋６：やや弱いエネルギー状態。人間なら不調が気になる。薬品、機能性食品の場合は効果が期待できない。
	＋０	
	±０	(基準値)
マイナス	－０	●－０～－５：エネルギー的には東洋医学でいう「未病」状態。不調ではあるが、原因がはっきりしないことが多い。
	－５	●－５～－10：エネルギー的には良くない状態、不調の状態を認識し、指摘される状態が多い。
	－10	
		●－11以下：非常に悪いエネルギー状態。
	－15	
	－20	

に行って薬漬けにしては私の考えに反するところですが、ここでは世界で初めて貴金属のプラチナに磁気を入れることに成功しました。

そうすることで、お風呂にそのまま入っても、本物なので錆びてきたり、肌荒れ等しないで、1日中つけっぱなしでもいいので面倒なことがないという、優れものの磁石ネックレスです。

そして一番の極め付けは厚生労働省の認可を受けた医療用具であり、「磁気は装着部のコリをほぐし血行を良くする」との効能効果のお墨付きをいただいております。その通り、その磁石ネックレスを朝から晩まで寝ている間も身体に身につけていることによって、1日中、血液の流れを良くしてくれるということなのです。とても簡単なことなのです。

大昔は、そんな磁気も大地からずい分いただいてきた訳ですが、現在では大地は舗装され、鉄筋の建物に住み、鉄の自動車・電車に乗って、反対に磁気がうばわれてしまい、(現代人は)磁気欠乏になっているとさえいえるのです。

現在多発している花粉症の人に磁石を持たせてみてください。たちまちプラス20になってしまいます。また、プラス20にならなかった人は、後のページで話題になる花粉症の霊障があるので、それを切り離すことで、その日から花粉症とサヨナラできるのです。とても簡単なことなのです。

ただ磁石ネックレスにもピンからキリまであり、本物でなければそれだけの効果が期待できません。波動機で、磁石ネックレスを持って調べると、正直に数値が出てきて教えてくれます。

そしてもう一つ大切なのは、ほとんどの病気が脊髄から出ているという説もあり、実際、波動機で測定すると、不思議とそのような結果が出ているということです。

そういったことで、その力のある磁気が脊髄にも血液を行き渡らせてくださり、人間本来の自然治癒力をアップしてくれればマイナス波動からプラス波動に変わってきます。そうなれば、人間本来の姿に戻ることができます。もう辛い痛いとは「さようなら」ということになるのです。そんなすごいものなら、私も1本、試しにつけてみることにしました。

2．娘も孫も娘の夫も、そして愛猫も元気になって

■3日間続いた40度の発熱だったが

８月１日、待ちに待った先生が静岡より到着されました。

主人や子どもたちの体の具合をみてもらうことが目的でしたので、さっそく順番に調べてもらいました。すると、みなそれぞれに悪いところが発見されたのです。それもすべて、思い当たることばかりでした。

最初は、私がつけている磁石ネックレスをみて、

「お母さんは、すぐに騙されるのだから」

などと批判していた家族でしたが、調べてもらったとたん、

「私にも買って」

「僕もほしい」

と言い出し、結局全員に１本ずつプレゼントすることになりました。

そして、その後すぐに私たちは、磁石ネックレスの威力をまざまざと見せつけられる、ある出来事に遭遇することになります。

娘が友人と映画を見に行ったのは、ことのほか暑い日のことでした。Ｔシャツ１枚で出かけて行った娘でしたが、映画館のなかは冷房がガンガン効いていたため、寒くて震えてしまったそうです。その夜、案の定、娘は40度の熱が出ました。もともと腎臓が弱かった娘は、その熱のせいか、あっという間に腎盂炎を起こしてしまいました。

医者に行って注射と点滴をし、健康食品を飲んだりしましたが、熱はいっこうに下がりません。このままでは危ないから、入院したほうがよいとまで言われました。それを聞いた娘は、会社の旅行の幹事をしていたので、そんなことはできない、会社も休めないと言い張りました。しかし熱は下がらず、娘の症状はひどくなるばかりです。どうしたものか、おろおろしていた時に、家族みんなの磁石ネックレスを娘につけることを思いつきました。それは、熱が出て４日目の夜中の12時を回ったころだったのですが、家族みんなの磁石ネックレスを外し、４本いっぺんに娘の首にかけました。

するとどうでしょう。娘は発汗しはじめ、朝の６時までに熱はすっかり平熱に下がったのです。最終のタイム・リミットに間に合い、その朝、安心して旅行に参加することができ、幹事の役も果たせたのでした。

■お多福の顔の娘に、黄色ブドウ球菌マイナス反応が

その後結婚した娘は、妊娠中に顔のリンパが腫れて、お多福のような顔になってしまいました。

どうすればいいかと、泣きべそをかいて、電話をしてきたので、調べてみないと分からないからと娘を呼び、さっそく波動機で調べました。

すると、なんと黄色ブドウ球菌にマイナス反応が出たではありませんか。この時の測定値は、表2に示したとおりです。

黄色ブドウ球菌というのは、院内感染により何人ものお年寄りが亡くなったということでもよく知られています。どんな抗生物質も効かない、やっかいな病気なのです。

「最近、病院に行ったの?」と聞くと、娘は、「血液検査に行

【表2】　お多福の顔の娘に黄色ブドウ球菌マイナス反応が

測定項目＼日付	H14年6月10日		H14年6月11日		H14年6月12日	
	昼	夜	朝	夜	朝	夜
免疫	＋4	＋6	＋8	＋11	＋15	＋18
リンパ球	－5	＋0	＋1	＋8	＋9	＋11
黄色ブドウ球菌	－3	－1	＋0	＋6	＋8	＋11

※表日付内H＝平成（以下同じ）

った」と答えました。妊娠中ということもあり、抗生物質は飲めませんし、黄色ブドウ球菌なら、飲んだところで効き目はありません。

そこで、再び磁石ネックレスを試してみることにしました。すでにわが家は、磁石ネックレスに絶大なる信頼を寄せていましたから、その時家にあった10本のネックレスを娘の首にかけてみたのです。

「とりあえず、これで様子をみよう。そして、毎日測定して観察することにしよう。マイナスがプラスに変わっていけば、それでいいのだから」

結果は、追跡表（表2）のとおりです。波動測定結果がプラスになるにつれ、娘のリンパの腫れも日に日に引いていき、元気を取り戻した娘は、安心して家に戻っていきました。

■マイコプラズマ肺炎の後は赤ちゃんの夜泣き

その2カ月後、娘からまた電話がかかってきました。

「お母さん、胸が苦しいの。息ができなくて眠れないのよぉー」

と、半分泣きながら言ってきたのです。

「電話の向こうで、そんなこと言っても…。調べてみないと分からないから、こっちに戻ってくるか、髪の毛を送るかしてよ。髪の毛でも測定はできるから」

そう言って電話を切ったところ、しばらくして本人が帰ってきました。

そこで、ただちに本人を波動機で調べてみると、なんと次のようなマイコプラズマ肺炎に反応が出たのです（表3）。

そこでまたしても、家中の磁石ネックレスを娘の首にかけさせ、

「今度は、すっかりよくなってから帰りなさい」

と約束させました。

波動機の測定値がプラス15以上になることを、私は完治の目安にしています。娘には、プラス15になるまで、わが家で養生させることにしたのです。

そんなこんなで、娘は妊娠中にいろんな病気を患ったの

【表3】　息が苦しかった時

測定項目＼日付	H14年8月10日	H14年8月11日	H14年8月12日	H14年8月13日	H14年8月16日	H14年8月18日
肺炎マイコプラズマ	－5	－4	－0	＋13	＋18	＋20
肺炎連鎖球菌	－5	－4	－0	＋13	＋18	＋20
細菌感染	－5	－4	－0	＋13	＋18	＋20
肝臓	－4	－4	－0	＋17	＋20	＋20
ストレス	－6	－4	－1	＋13	＋19	＋20

※磁石ネックレスをつけている方は、プラス20の数値が出ます

で、はたして丈夫な赤ちゃんを産めるのかしらと、ずいぶん心配しました。しかし、娘は無事に五体満足の元気な女の赤ちゃんを産むことができました。

それから半年後のことです。その孫を連れて家に遊びにきた夜、泣き声があまりにひどいので、私は飛び起き、思わず、

「なんなの、この泣き方は！」

と声を荒らげてしまいました。

普通、赤ちゃんは、お腹がいっぱいでおむつが濡れていなければ、ぐっすり眠るものです。

ところが、この夜の孫の泣き方は、どうみても異常な気がしたのです。

翌日、さっそく原因を調べてみたところ、副交感神経の値がマイナス3になっていました。マイナス3くらいでは、普通はそれほど泣いて訴えるようなことはないのですが、敏感な子の場合はこうして表してくることもあるようなのです。

娘は母乳で育てているものとばかり思っていましたが、よく聞くと、私に内緒でミルクで育てていたことが分かりました。そこで、その時飲んでいたミルクを調べたところ、副交感神経と同じマイナス3が測定されたのです。

そこでどうするかですが、いろいろ頭を絞って考えた結果、私はミルクの副交感の波動を上げることにしました。お湯に溶かしたミルクを、15分ほど磁石ネックレスの上に乗せてから測定すると、プラス15以上になったので、それを飲ませるようにしたのです。すると、赤ちゃんはミルクを飲み干すなり、ぐっすり眠るようになりました。それとともに夜泣きもすっかりなくなりました。

娘は、それまでの1カ月ほどのあいだ、赤ちゃんの夜泣きに悩まされ、毎晩ほとんど寝ないで抱っこし続けていました。それをしなくてよくなったので、「今はもうまるで天国よ。子育てがこんなに楽だなんて思ってもみなかった」と大喜びです。

■磁石ネックレスをつけて4時間後、ジンマシンが消えた

里帰りに来ていた時の、平成16年3月29日の朝、娘が起きるなり、「お母さん、体中が痒《かゆ》いの」と訴えてきました。見ると、体中いたるところにジンマシンが出来、それも腫れて膨れ上がっていたのです。

そのあまりの凄《すさ》まじさに、娘自身もびっくりし、

「病院に行ってくる。何が原因か調べてもらう」と、青ざめました。

私は「大丈夫。お母さんが調べてあげるから」と、娘を落ち着かせると、さっそく波動機で測定してみました。結果は次のようなものでした（表４）。

「あなたが、いつも体に悪いものばかり食べているせいよ。それがジンマシンという形で、体の中の汚れたものを排出してくれたのだから、むしろありがたいと思って感謝しないとね。ネックレスをかけていれば、すぐにおさまるから」。

私はそう言って娘の首に家中の磁石ネックレスをかけました。

１時間くらいたったでしょうか。少しずつ腫れが引いてきました。それに伴い、痒みも徐々におさまってきたらしく、娘もすっかり平静さを取り戻していきました。そして４時間後、あれほどひどかったジンマシンは、すっかり跡形もなく消えていました。

左頁の２枚の写真は、その時に撮影したものです。上側がジンマシンの出た直後のものであり、下側が磁石ネックレスをつけて４時間たった時のものです。

【表４】　ジンマシンが出た時

日付 / 測定項目	H16年３月29日	H16年３月29日 ４時間後
血液不純物	－３	＋20
第２腰椎	－２	＋20
肝臓	－０	＋20
アレルギー	－１	＋20
湿疹	－６	＋20
血液の中毒	－３	＋20
かゆみ	－５	＋20

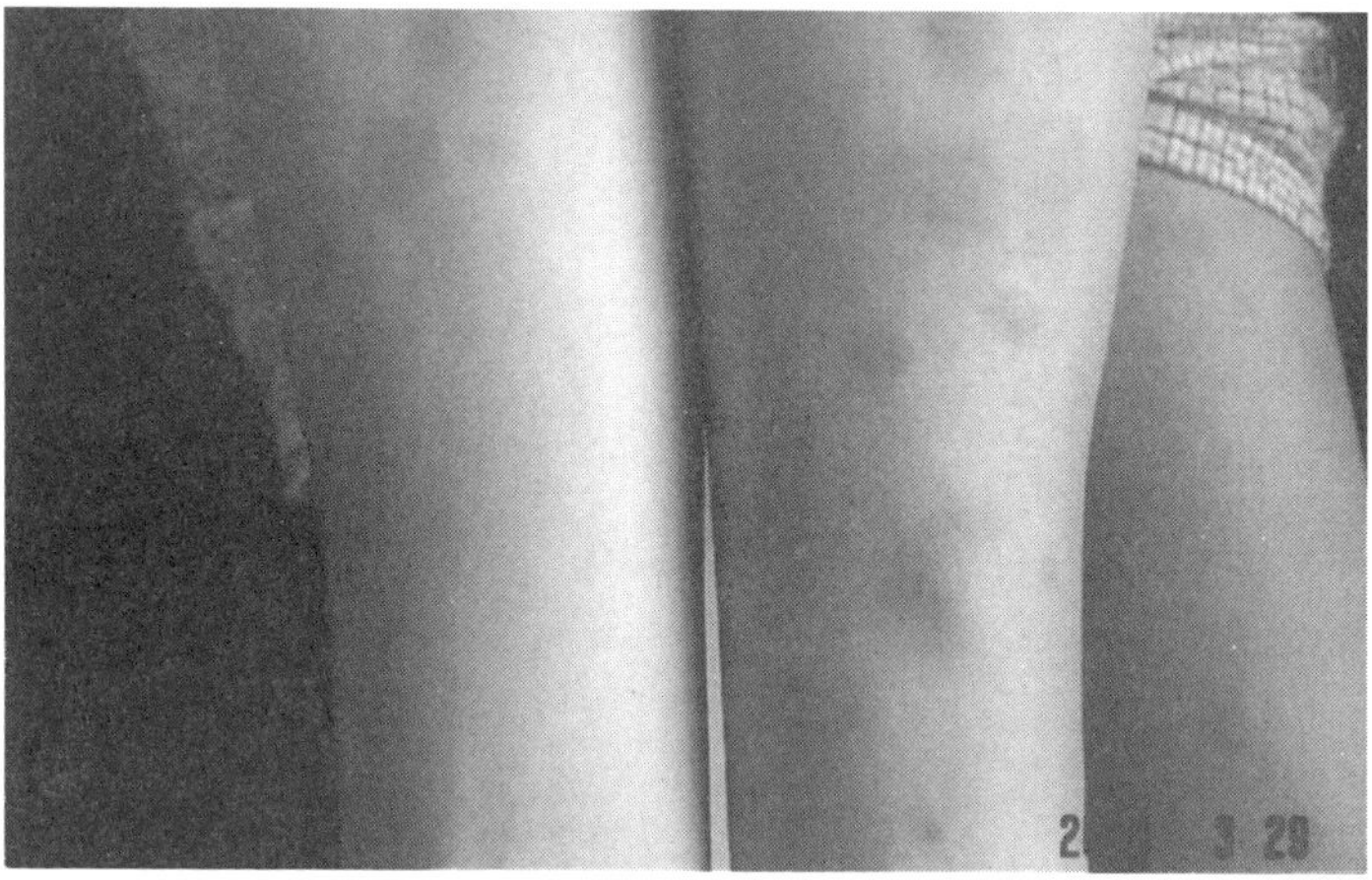

ジンマシンが出た直後

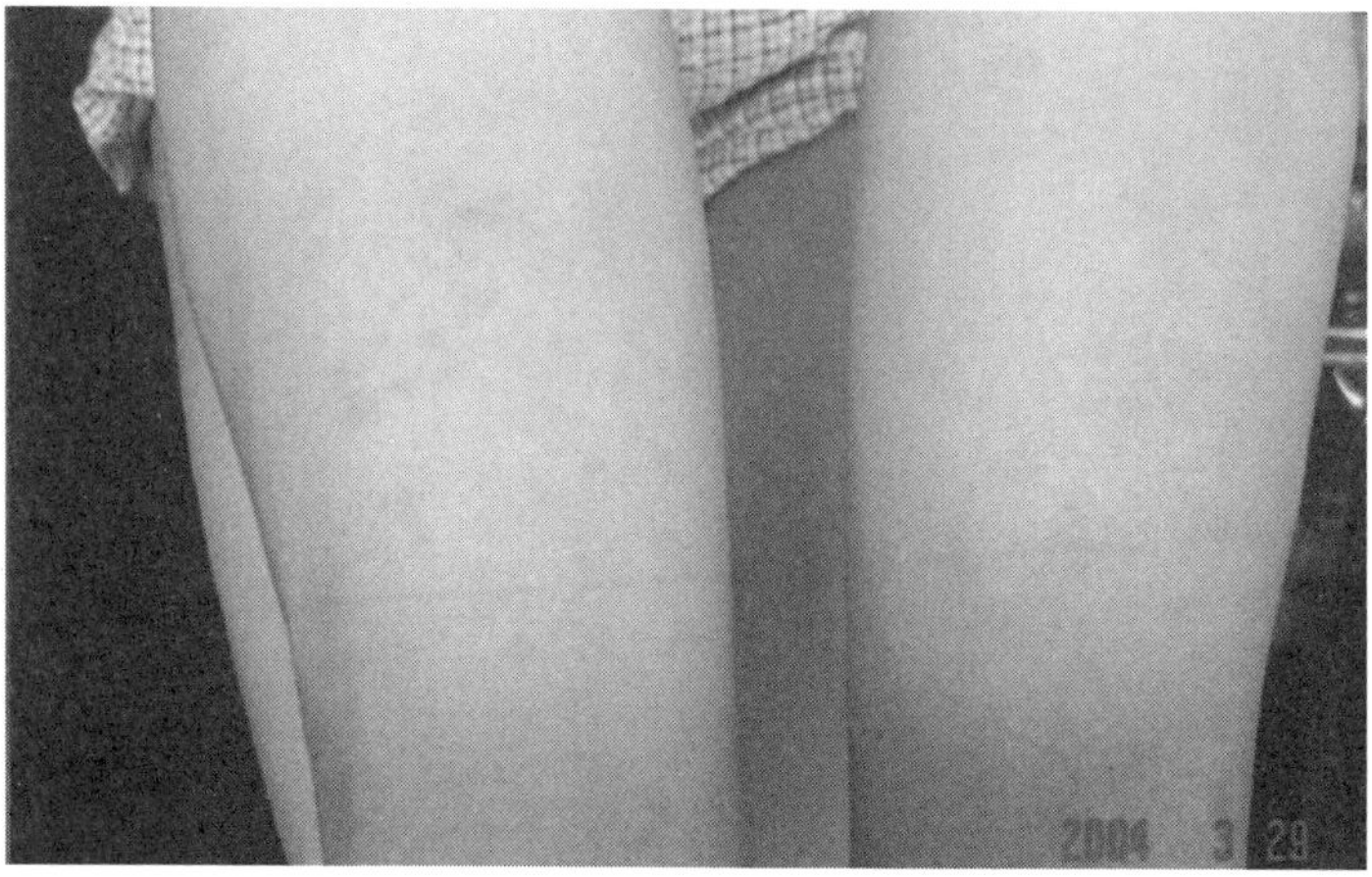

磁石ネックレスをつけて４時間後

■痛風の腫れも一晩で解消

ある日、娘から電話があり「夫が急に痛風で松葉づえになってしまった」という話の内容でした。痛風というのは、急に足が腫れ、そこに風が吹いても痛いことから、痛風といわれるようになった病気です。なぜか男性に多くみられ、その痛さたるや想像を絶するほどだと言われています。

娘の夫は自営業をしています。代わりを務める人がいないから、自分が倒れたらおしまいだと日頃から健康には人一倍気を使っていました。それにもかかわらず、予期せぬ病魔に襲われてしまい、精神的にもずいぶん落ち込んだようです。それでも仕事を放り出すことはできないので、痛みをこらえてなんとか頑張っているとのことでした。

そこで私は、仕事を終えると娘の家に直行し、波動機で測定しました。すると、やはり痛風がマイナスでした。私は持参した30本の磁石ネックレスを、全部痛い方の足に巻きつけ、一晩様子を見ることにしました。

その夜は娘の家に泊まり、翌朝、娘の夫の部屋に様子をみにいくと、腫れはすっかり引いていました。

「どう？　痛みのほうは。腫れはすっかり引いているようだけど」

そう訊ねると、娘の夫はぱっと顔を輝かせて、「それが不思議なことに、もう全然痛くないのです。松葉杖はいらなくなっちゃいましたね」と答えました。

磁石ネックレスは、たった一晩でそこまでの効果を発揮したわけですが、それでも念のためと、私はもう一晩娘の家に泊まりました。そして翌朝もう1度、波動機で測定したところ、結果は良好でした。痛風が出ていたところもみましたが、腫れはなく痛みもまったくないとのことでした。それらを確かめ、私は安心して家に帰りました。

あれから3年が経ちますが、娘の夫は特に薬も服用していないのに、1度も再発していません。そのせいか、最近ではすっかり気を許している様子で、食事のケアも怠りがちになっていると娘は苦笑《にがわら》いをしています。

■ペットの硬癌が破れて1カ月で完治

平成16年3月31日の昼、わが家のペットである猫のサスケが帰ってくると、様子がおかしいのです。そこで調べてみますと、左の親指の爪から血が出ていて、さわったらポロリと爪が取れてしまいました。他に左の爪がみな上向きにそっていて、顔に少し傷がありま

左ホホがポッコリ腫れている

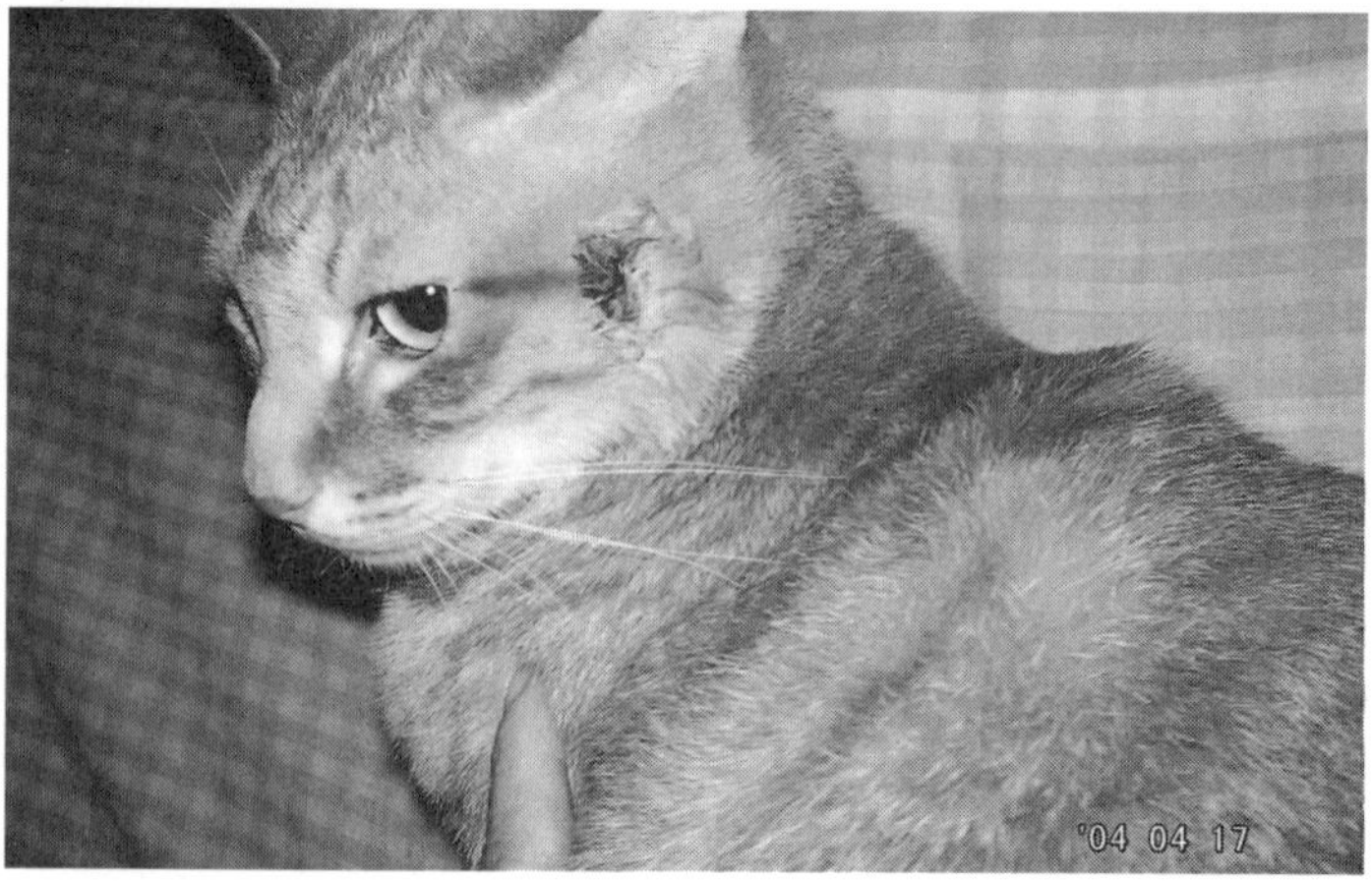

破れたあとが、かさぶたになってきた

すっかり完治したサスケ

した。サスケの身に何があったのでしょうか？

そんなことがあって、2、3日後、サスケの左頬がプクッと腫れています。「どうしたの？」と言って写真を撮ったり波動測定してみると、測定する度に数字が低く出ていて、気になっていた硬癌が、今日はマイナスになっています。痛みはそんなにないようなので、毎夜10本くらい磁石ネックレスをかけて様子をみることにしました。

10日後の4月14日、頬が破けて血膿が出ました。すると、一挙に測定数字が全部プラスに変わってきました。破けて3日後、測定数字は最高のプラス20になり、その後何度測定しても硬癌プラス20なのです。
爪の取れたひどい怪我を機に、前から持っていた病気が一気に発病したことが分かります（表5）。

【表5】 ペットの硬癌が破けて1カ月で完治

	爪取れる	頬腫れる			頬破ける	
日付 ＼ 測定項目	H16年 3月31日	H16年 4月5日	H16年 4月6日	H16年 4月10日	H16年 4月14日	H16年 4月17日
免疫	＋11	＋12	＋16	＋19	＋20	＋20
腫瘍	－0	－6	－6	－6	＋10	＋20
ホホ骨	－0	－6	－6	－6	＋10	＋20
硬癌	－0	－6	－6	－6	＋10	＋20

第2章

磁石ネックレスで難病も改善されて

プラチナ磁石ネックレス体験談集

★本章では、実際に磁石ネックレスを体験した方々のお話をご紹介していきます。

■10年間飲み続けた血圧の薬ともお別れ

（Aさん　65歳　男性）

平成15年5月20日、私の体は最悪の状態になっていました。ここ10年間、高血圧の治療薬を服用し続けてきたにもかかわらず、いつも半身が痺れた感じで、頭がボーッとしていました。3月の検査で3㎝の動脈瘤が見つかり、これ以上大きくなると手術をしなければならないとの医者の言葉でした。

どうしようと悩んでいる時、知人に、一度波動を測定してみないかと勧められました。

そこで、さっそく測定していただいたところ、血液循環と動脈硬化のマイナスが大きいことが分かりました。そして、その場で磁石ネックレスを何本か持たせていただいたのです。すると、とたんに痺れが消え、頭のモヤモヤもとれ、すっきりと晴れ晴れしてきたではありませんか。

磁石ネックレスの磁気の力で、私の中の血流がよくなり、スムーズに流れはじめた結果、痺れがとれ、頭もはっきりクリアになっていったのだということが分かりました。それでも、磁石ネックレスを持ったと同時にそうなったのには、本当に驚かされたものです。

こうして磁石ネックレスとご縁が出来たことで、それ以来、薬もいっさい止めました。あれから2年近くが経とうとしていますが、私の体はまるで20歳くらい若返ったかのようです。スポーツに汗を流すまでになりました。

これもひとえに、私に測定のことを教えてくださったおかげと感謝しております。誠にありがとうございました。

■子宮筋腫が小さくなって

（Bさん　60歳　女性）

私は子宮筋腫が四つもあり、これ以上大きくなったら手術した方がよいと言われていました。

あるとき、ご縁があって波動をみてもらいましたところ、子宮筋腫がマイナス7との測定結果が出ました。磁石ネックレスについては、以前、体の具合を悪くした主人が使用して見違えるように健康になったという経緯があり、私もよく知っておりました。そこでさっそく私もつけてみることにしたのです。

2カ月後、再び波動を測定してもらうと子宮筋腫がプラスに変わっていました。すぐに医者にみせたところ、筋腫は小さくなっているから手術しなくてもよいでしょうとの診断でした。

今では、夫婦ともども大変元気にしております。

私たちに健康を取り戻してくださり、ありがとうございました。感謝申し上げます。

■甲状腺・リウマチ・大腸癌から解放された

（Cさん　65歳　女性）

私は以前から、体のあちらこちらの具合が悪く、医者とは縁の切れない生活をずっと送ってきました。そのことで、いろいろ辛い思いもたくさんしています。

そんなある日のことです。娘婿が波動機で測定をしてもらったところ、悪いところをズバリ当てられ驚き、これは本当にすごいから、「お義母さんも一緒に行ってみましょう」と誘われました。

それを聞いて娘は、「夫は騙されているにちがいない、私も一緒に行って化けの皮を剥《は》がしてくる」と息まいたため、３人で出かけることになりました。

ところが、実際に波動を測定してもらい、その結果から、私の持病である甲状腺のことを指摘されたあたりから、がぜん状況が変わりはじめました。娘もアトピー性皮膚炎の原因などをズバリ当てられ、当初の勢いはどこへ行ったのか、ミイラ取りがミイラになってしまいました。

私は、甲状腺の病気を患ってから、かれこれ10年になりますが、あれほど頑固に治らずにいたものが、磁石ネックレスのおかげで、なんとわずか1カ月くらいで正常に機能するようになりました。リウマチの痛みもなくなりました。

そのほか、大腸癌があることが分かりましたが、これも手術を受けることなく、すっかりよくなりました。

いまや私たちにとって、波動測定は生活の一部であり、なくてはならないものです。波動機と磁石ネックレスに出合わなかったら、私たち家族は今頃どうなっていただろうと考えると恐ろしくなります。

本当に素晴らしい出合いを与えてくれた婿殿、またそれについて尽力を注いでくださった方々には感謝の気持ちでいっぱいです。

■難病指定・潰瘍性大腸炎・下痢から救われて

（Sさん　70歳　男性）

下《しも》の病気にて長年病院通いをしていますが、年のせいもあるのでしょうが、いっこうによくなる気配はありません。

頻繁な下痢のせいでおむつが外せず、お尻がいつも爛《ただ》れた状態でした。その不快感をどう説明しても、なかなか分かっていただけるものではありません。一生このままかもしれないと、半ばあきらめの気持ちで生活しておりましたとき、知人より波動測定の話を聞き、偶然診ていただけることになりました。

測定した結果、私は、第1腰椎のマイナスがひどいことが分かりました。それは現代医学ではクローン病といって、下痢と便秘を繰り返しながら一生付き合っていかなければならない難病に指定されている疾患であるとのことでした。驚く私に、その方は、こうおっしゃいました。

「でも安心してください。この第1腰椎の波動がプラスに上がってくれれば、その状態から解放されてくるはずですから」。

その言葉にどれほど勇気をいただいたでしょうか。希望を胸に、その日から磁石ネックレスをつけた生活が始まりました。すると、2カ月が過ぎた頃には、漏らす心配がなくなり、おむつをしなくてよくなりました。そのことで、なんとも幸せな気持ちでいっぱいになりました。ありがたい、ありがたい、それ以上の言葉を知りません。

信じるものは救われるという言葉がありますが、信じることが何よりも大切なのだと、皆さんに申し上げたいと思います。

■30年も続いた耳鳴りがわずか5分で消えた

（Oさん　55歳　女性）

私は30年あまり、耳鳴りと付き合って生活してきていました。耳の奥で年中、大合唱が聞こえてきます。ですから、一時たりとて静かな時はなく、いつも騒々しさを感じていました。

あるとき、友人と私がある方を訪ねて、いろいろな話をするうちに、その方が、「どうせ座って話しているのなら、これを手に持っているといいですよ」と言ってネックレスの束を私たちに渡してくれました。その方は波動測定をされる方で、渡されたネックレスは、磁石ネックレスというものでした。

へえ、これが磁石ネックレスなのかと思いながら、手に取って5分くらい経ったでしょうか。騒がしかった私の耳の奥が、急にシーンと静まり返ったのです。何事かとびっくりした私は、思わず、「どうしたの!?　なんでこんなに静かなの？」と、大声で皆に聞いていました。

あれほどうるさかった大合唱の声が、パタッとなくなったのです。はじめは夢かと思いましたが、本当に耳鳴りは消えていました。まるで魔法にかかったみたいだと私が言うと、その方は、「そんなことは、日常茶飯事ですよ。私は毎日魔法の世界をやっていますから」と、おっしゃるではありませんか。

ところが、しばらくすると、今度は耳の下の方が、突然キリキリと痛み出したのです。あまりの痛さに、痛い、痛いと大声で叫んでしまいました。すると、その方は、「大丈夫。そこは今まで詰まっていて、血液が流れなかったところなの。今、血流が良くなり、一生懸命流れるように努力しているから痛いのよ。すぐに痛みはとれるから」と言ってくれ、「もう少し早く楽にしてあげるね」と、ジェルを耳の下のところに塗ってくださいました。するとと不思議なことに、痛みはすぐにとれました。

と思ったのも束の間、今度は以前ずっと痺れていた指先が、また痺れはじめてきたのです。「なんなの、これは？」と不安に思っていると、その方は、「昔悪かったところも、一緒に改善してくれているということなので、なんの心配もいらない」と、おっしゃしました。

すると本当に、５分くらいで痺れもすっかりなくなったのです。すべてのところの血流がよくなるように、たくさんのパワーで一気に流したため、今まで流れにくかったところもスムーズに流れるようになったから、いろんな好転反応が出て、一気に改善してくれたのだと説明してくださいました。

こうして、いろいろお話ししている間に、とうにあきらめていた耳鳴りがすっかり解消し、それに伴う耳から肩にかけての頑固な凝りも、いつのまにか改善していたのです。本当になんという解放感でしょう。30年振りの「静けさ」は、まさに幸せの贈り物でした。

■6カ月続いた歯茎の腫れが数十分で解消

（Iさん　52歳　男性）

私は歯が弱く、年中歯が浮いては歯茎が腫れて困り果てていました。そのせいで首筋もずっと凝っていたのです。そんな折、偶然なことから磁石ネックレスのことを知り、届いたものをすぐに身につけたところ、いつもより痛みが強くなるのを感じました。私には、多少、磁石ネックレスに関する知識があったので、そのときそれは好転反応にちがいないと思いました。案の定、20分も経つと、痛みがスーッと消えていきました。

それ以来、歯茎の痛みはいっさいありません。また、疲れやすかった体も元気になり、今では疲れを感じることもなく、快適な日々を送っています。

■元気に畑仕事ができるようになった

（Ｉさん　69歳　女性）

近所に住む娘のように思っている女性を通じて体感の会のことを知り、さっそく出かけていきました。最初は半信半疑で、ネックレスを使うことにも抵抗を感じたのですが、とりあえずお借りしてつけてみることにしました。

私は畑仕事をしていますが、２、３日続けると疲れて寝込んだりすることも多かったのですが、それをつけてからというもの、いくら働いても疲れなくなりました。そこで、これはすごいと思い、主人の分も合わせて２本購入しました。

主人は主人で、以前脳梗塞で倒れてからは、どこへ行くにも心配の日々を過ごしていましたが、ネックレスをつけ出してからは、そういう心配もなくなりました。ゴルフへもよく行きますが、後ろに回らなかった手がいつのまにか回るようになったと、大喜びです。

体感会では、月に２回、アフターフォロー会が開かれますが、その都度よくなっているのが分かり、大変ありがたいことだと感謝しております。紹介くださった近所の娘さんには、本当に感謝の気持ちでいっぱいです。

■日常生活に張りと希望が湧いてきた

（Yさん　55歳　女性）

私は体が弱く、午前中はほとんど体が動かず、家事もできないような状態でした。そんな私を見るに見かねた友人が、波動測定というものがあるから行ってみないかと誘ってくれました。

波動測定を行っているところにつくと、私以外にも大勢の方が来ていました。さっそく調べていただくと、免疫力が低いことが分かりました。私は、やっぱりと思いました。こんなに元気がないのは、きっと免疫力が悪いからなのだろうと、ずっと思っていたからです。その他に、リウマチがあることも分かりました。私は普段から、手や足、腰が痛かったので、それはリウマチのせいだったのだと、納得しました。

さて、それらをいかに治すかですが、磁石ネックレスがいいとのことで、さっそくその磁石ネックレスを借りてつけてみたところ、体がスッキリしてくるのを感じました。磁石ネックレスを購入したその日から（磁石ネックレスを）つけはじめたのですが、それからしばらくのあいだは、かえって苦しいこともありました。好転反応があるため、そのようなことになるということを聞いていましたので、苦しくて仕方ないときは磁石ネックレスを外し、良くなるとつけるというように、つけたり外したりを繰り返しながら数日間なんとか頑張り続けました。

その結果、今では生活することが本当に楽になり、心から楽しいと感じられるようになりました。何よりも朝スッキリ目覚められることで、明るい顔を家族の前に見せることができるのは本当に嬉しいことです。

信じて使ってみて、本当に良かったと思っています。友人にも心から感謝しています。

■25年来の花粉症が消えた

（Oさん　52歳　女性）

昭和55年の春より毎年決まった時期に風邪をひくようになり、２月から７月までずっと薬を飲み続ける生活を送ってきました。昭和60年、それが花粉症であるということが判明してからは、この時期になると花粉症専門の薬を服用し、４月の一番ひどいときには、薬も強いものに変えていただいていたのです。ところが、平成８年にはスギ花粉に加えてヨモギ花粉にもアレルギー症状を起こすようになったため、結局１月、８月、12月以外はすべて、薬を飲まなければいられないような生活に変わっていきました。

平成17年1月18日、あるご縁から磁石ネックレスをご紹介いただきました。「花粉症にもいい」というお話に、まさか……と思いましたが、ものは試しと購入し、1月25日からつけています。

そうしたところ、3月中旬を過ぎても花粉症の症状が表れてきません。薬もいっさい飲んでいません。17年のスギ花粉は、相当の量であると聞いていますが、いっこうに平気なのです。信じられない思いです。また、私には重度のむち打ち症の後遺症で、お天気が崩れる前になると頭がボーッとして苦痛でした。それも、磁石ネックレスをつけて以来、たいへん楽になりました。

ところで私は、大型スーパーの食品売り場で働いていますが、そのため体の冷えにずっと悩まされ続けてきました。それが、磁石ネックレスをつけた翌日からは体が熱くなり、少し動いただけでも汗が出て、体がポカポカしてきたのです。そのため長年の冷え性もなくなり、今年の冬は使い切りカイロなしで過ごすことができました。

花粉症もむち打ち症も冷え性もすべてがよくなり、本当にこんなにうれしいことはありません。娘二人にも、私にならって磁石ネックレスを愛用させましたところ、見違えるほど元気になりました。本当に磁石ネックレスさまさまの今日この頃でございます。ありがとうございました。

■20年来の不眠症が治った

（Uさん　50歳　女性）

自律神経失調症とか更年期障害などと医者に言われながら、私は20年間も睡眠薬のお世話になり続けました。にもかかわらず、どうしても眠ることができず、毎日辛い日々を過ごしていたのです。

そんなあるとき、友人から体がとても楽になる方法があるから1度話だけでも聞いてみないかと誘われました。はじめは半信半疑でしたが、磁石ネックレスをたくさんかけていただくうちに、体中熱くなってくるのを実感しました。もしかしたら、これで何かを得るのではないか、そう全身で感じた私はその場で磁石ネックレスを注文しました。

磁石ネックレスが届くと、さっそく首にかけて寝ました。その日は睡眠薬を飲まずに寝たのですが、なんとぐっすり眠ることができたのです！　それからというもの、薬はいっさい飲んでいません。こうして長年の不眠症が改善されたばかりか、頑固な肩こりもなくなりました。そのせいか体が軽くなり、ストレスも感じることなく毎日楽しく過ごしております。以前のことを考えると、嘘のように明るい毎日です。本当によいものに出合うことができ、感謝でいっぱいです。誠にありがとうございました。

（Mさん　80歳　男性）

■何十年来のC型肝炎が改善。耳鳴りも消えた

私は何十年間も肝臓が悪く、市民病院でC型肝炎と診断されました。入院治療も試みましたが、改善されることはありませんでした。それが、磁石ネックレスと出合ってからは、みるみる体が楽になっていくのを感じたのです。病院の検査でも肝機能の数字は良くなりました。

また私は何十年も耳鳴りにも悩まされ続けていました。耳の奥で、セミが何十匹も鳴いているのです。あるとき、耳鼻科の先生に、「たも（魚を獲るのに使う竹や針金の口輪のついた袋状の網に長い柄をつけたもの）で取ってほしい」とお願いしましたが、「取れない」と言われたこともありました。それが、磁石ネックレスをつけるようになってからは、セミが1匹ずついなくなっていったのです。

C型肝炎にしろ、耳鳴りにしろ、世間では改善されたとの話をあまり耳にしません。しかし、私の場合、磁石ネックレスで本当によくなったのは事実なのです。なんと運のよい幸せ者だろうとつくづく思います。ありがとうございました。

■よくキレて、登校拒否の私だったが

（Sさん　18歳　女性）

朝起きるのがつらく、母親にいくら起こされても、なかなかベッドから出られないという生活が続きました。そのため不登校気味になり、イライラや欲求不満を親にぶつけては、ヒステリーを起こすという悪循環を繰り返していました。ちょっと気に入らないことがあると、すぐにキレてしまう自分を感じながら、このままではだめだ、なんとかしなければと思うのですが、自分ではどうすることもできずに、ますます殻に閉じこもるようになっていきました。……

とにかく体が重く、いつも疲れていると感じていたのです。そのうち、食べ物の味や臭いの感覚がマヒしてきて、何を食べても美味しいと思えなくなりました。また、顔全体にジンマシンみたいなものが出来て真っ赤になり、またそれがボロボロに剥がれていくので

すが、その痒さは耐えられないほどでした。

　私はいったいどうなるのだろうと八方塞がりの状態に陥っていたある日、ある方から波動測定のことを聞き、磁石ネックレスの存在を知りました。磁石ネックレスを身につけているうちに、気持ちが次第に楽になっていくのを感じました。それと同時にイライラする気持ちがいつのまにかなくなっているのにも気づきました。

　そのうち、味覚と臭覚の感覚を取り戻し、あれほどボロボロだった顔の皮膚が少しずつ治っていき、卵肌に近くなっていったのです。母は、この頃は表情がとても穏やかになり、本当によい子になってくれたと言って喜んでいます。

（Mさん　55歳　女性）

■20年来の頭痛から解放された

　以前から私は年に数回起こる頭痛に悩まされていました。それもかなりの重症で、ひどいときなど、頭が割れるような痛みで思わず目が覚めるほどで、決まって吐き気を伴いました。水も薬もいっさい受け付けず、空っぽの胃からは吐いても出るものは胃液しかなく、そのたびに大変な苦しみでした。

あまりの辛さに、内科で座薬を処方してもらったこともありましたが、効果はあまりなく、半日から１日、ただ体を休めて痛みが治まるのをじっと待つしか手だてはなかったのです。これがたびたび起こるのなら、何か悪い病気があるのではないかと心配もしたのでしょうが、年に数回程度だったため、特に何の治療を受けることもしませんでした。しかし、友達より「簡単に原因がわかるから」と言われ、波動測定なるものを、していただきました。すると驚くことに、脳にマイナス反応があると言われたのです。しかも、それが頭痛の原因になっているらしいとのこと。もうびっくりしてしまいました。

その折も折、時の総理大臣だった小渕さんが脳梗塞か脳血栓で急に倒れられ、お亡くなりになったというニュースが世間を騒がせました。そんなわけで、急に恐怖感を感じた私は、今はまだ私を頼っている家族のためにも倒れるわけにはいかないと、波動測定を教えてくれた方のアドバイスにすがることにしたのです。

とはいえ、磁石ネックレスなるものの正体に最初は半信半疑でしたし、もともとアクセサリーをつけることが嫌いだった私にとっては、それを１日中つけておくことに、まず抵抗感がありました。ところが数カ月が過ぎ、今までだったら寝不足の状態か２、３日続くと疲れがたまり、すぐに頭痛となっていたのですが、まったく症状がないことに気づきました。そうして、いつしか私は頭痛のことを忘れるようになっていたのです。

2年ほど前、あるボランティア団体の代表を受けることになり、私は仕事、家事、プラス団体活動と、超多忙の日々を送っています。そういう中にあって、多少の無理がきくのも、磁石ネックレスのおかげと感謝している毎日です。

第3章

恐い病気には因子が関係している

1．リウマチ

■難病のリウマチにも大きな効果を発揮する磁石ネックレス

長い間、いろいろな方の体の波動を測定させていただいているなかで、リウマチにマイナス波動を持っている方が、実に多くいらっしゃることが分かってきました。

次頁の図Aをご覧ください。これは脊髄とそれに関係する症状を列記したものですが、脊髄のそれぞれの部位がさまざまな病気に深く関係していることが、お分かりいただけると思います。ある病気になると、それに関係している脊髄の部位の波動は、マイナスになるのです。

例えばリウマチでいえば、第10胸椎と第5腰椎の波動がマイナスになるということです。リウマチには、症状によっていくつかの種類に分かれます。関節が曲がってきたり、痛みがあったりする関節リウマチ、手の指の第1関節が腫れ、熱を持ったりする炎症性リウマ

図Ａ　脊髄とそれに関係する症状

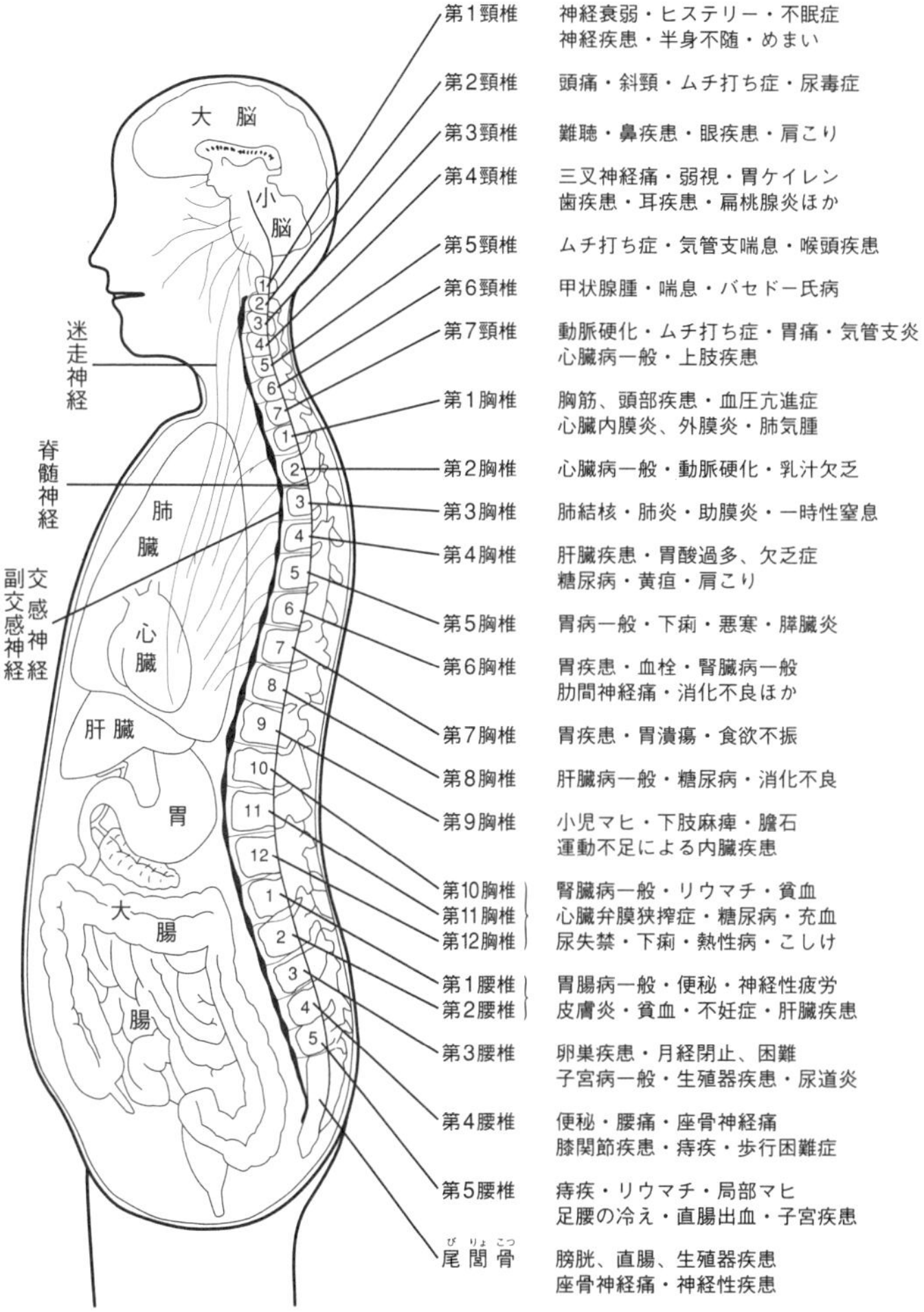

部位	症状
第1頚椎	神経衰弱・ヒステリー・不眠症 神経疾患・半身不随・めまい
第2頚椎	頭痛・斜頚・ムチ打ち症・尿毒症
第3頚椎	難聴・鼻疾患・眼疾患・肩こり
第4頚椎	三叉神経痛・弱視・胃ケイレン 歯疾患・耳疾患・扁桃腺炎ほか
第5頚椎	ムチ打ち症・気管支喘息・喉頭疾患
第6頚椎	甲状腺腫・喘息・バセドー氏病
第7頚椎	動脈硬化・ムチ打ち症・胃痛・気管支炎 心臓病一般・上肢疾患
第1胸椎	胸筋、頭部疾患・血圧亢進症 心臓内膜炎、外膜炎・肺気腫
第2胸椎	心臓病一般・動脈硬化・乳汁欠乏
第3胸椎	肺結核・肺炎・肋膜炎・一時性窒息
第4胸椎	肝臓疾患・胃酸過多・欠乏症 糖尿病・黄疸・肩こり
第5胸椎	胃病一般・下痢・悪寒・膵臓炎
第6胸椎	胃疾患・血栓・腎臓病一般 肋間神経痛・消化不良ほか
第7胸椎	胃疾患・胃潰瘍・食欲不振
第8胸椎	肝臓病一般・糖尿病・消化不良
第9胸椎	小児マヒ・下肢麻痺・膽石 運動不足による内臓疾患
第10胸椎 第11胸椎 第12胸椎	腎臓病一般・リウマチ・貧血 心臓弁膜狭搾症・糖尿病・充血 尿失禁・下痢・熱性病・こしけ
第1腰椎 第2腰椎	胃腸病一般・便秘・神経性疲労 皮膚炎・貧血・不妊症・肝臓疾患
第3腰椎	卵巣疾患・月経閉止、困難 子宮病一般・生殖器疾患・尿道炎
第4腰椎	便秘・腰痛・座骨神経痛 膝関節疾患・痔疾・歩行困難症
第5腰椎	痔疾・リウマチ・局部マヒ 足腰の冷え・直腸出血・子宮疾患
尾閭骨	膀胱、直腸、生殖器疾患 座骨神経痛・神経性疾患

チ、腎臓が悪い方に多い痛風性リウマチ、筋肉が痛くなる筋肉リウマチなどです。
一般的には、関節や骨が変形してきたり、肉が盛り上がってきたりするため、大変痛みが強く、現代の医学でも、治療の術がないといわれている難病のひとつでもあります。皆さんがよく知っている外反母趾なども、関節リウマチの一種です。

いっぽう、痛みを抑えるために、モルヒネなどを投与する場合もありますが、それも頻繁に使用すると、副作用で内臓や骨に悪影響が出るといわれています。しかもリウマチは遺伝性が強く、両親のうちどちらかにその因子があると、子どもにはその因子が表れるようになります。マイナスの波動の数値も兄弟はすべてほぼ同じ値です。さらに、その子どもが結婚し、子どもをつくると、そのまた子どもも、リウマチの因子を持つため、その数はどんどん増えていくのです。私が調べた人たちも約5、6割もの方に因子が見られます。

ただし、因子を持っているからといって、誰もが発病するわけではありません。むしろ、発病される方は、ほんのわずかの人といえます。それに本来リウマチは、少しも恐い病気ではありません。痛みというのは血液の流れをよくすることで、簡単に取り除くことができるからです。

しかも、血液の流れをよくするには、磁石ネックレスをつけているだけでよいのです。

副作用もなければ面倒くささもなく、それも短期間で症状が改善されるという実に優れた効果を磁石ネックレスは発揮します。これさえあれば、リウマチなど少しも怖がる必要はないのです。

■因子を持っていると、酷使したところが痛くなる

さて、私のところで測定される方に、リウマチの因子を持った方が本当に多いのには驚くばかりですが、波動では、それがどういう性質のリウマチであるかについても、測定することができます。波動測定によってリウマチの因子があるかないか。因子があれば、その性質は何か。すでに発病しているか、いないかまで分かるということです。

先日も、リウマチがマイナスになった方がいらっしゃいました。その方の手を見ると、指が少し変形していることが分かりました。こういう方の場合、両親や兄弟の誰かに、同じような手指の形が見られるものです。なかでも、よく手を使う方は手が変形し、足をよく使う人は膝が変形したり、足の指が外反母趾になったりするケースが多いというように、酷使した部分の関節が変形したり痛くなったりするのです。ですから同じ親子や兄弟でも、血流がよく、酷使した経験がなければ、発病しない方が多いようです。

この方の場合は手に変形が見られ、こうおっしゃいました。

「私は美容師をしていて、手をよく使います。そのため兄弟でも、私だけが変形していいます。先生がお話しされたように、他の兄弟は手を使う仕事ではないので曲がってはいません」。

また別の方の場合は、膝が異常に大きく腫れていました。そこで、「よく足を使われますか。それも腫れている方の足をよく使われませんでしたか」と、訊ねてみました。すると、その方は、「子どもの頃から、サッカーをやっていました。たしかに腫れている方の足が主軸ですね」と、おっしゃいました。

ハイヒールをよく履かれる方が外反母趾になるケースが多いと言われています。これはもともとリウマチの因子を持っている方が、ハイヒールを頻繁に履くことで足の指に無理がかかり、外反母趾という症状となって表れたと考えるべきでしょう。ハイヒールをはかない人でも、足を酷使した人は変形しています。身内にリウマチを患った人がいる方の場合、必ず因子を持っているわけですから、なるべく膝や指先に無理をかけないように注意することが大切なのです。

また、いくら因子を持っていても、手も足もそれほど使われない方は、特に症状となって表れることは少ないようですが、油断は禁物です。年をとって血液の流れが悪くなったときに、発病するケースが多いからです。

さらに、筋肉リウマチのマイナスが出た年配の方で、腕の筋肉が痛くてたまらないという方がいらっしゃったので、いろいろ伺うと、「戦争のとき、毎日死体を埋める穴掘りをさせられて腕を酷使しました」とのことでしたが、この筋肉リウマチの痛みというのも半端ではありません。やけひばち（火で焼いた鉄の箸）で刺されているかと思われるくらいの痛みと、表現されている方もいるほどです。炎症性リウマチは熱を伴う方が多いです。特に第1関節がポコッと腫れて熱を持ってくるのが特徴です。また、体全体に熱を持ってくる人もいます。

■リウマチは恐い病気ではない

腎臓の悪い方によくみられるのが、痛風性リウマチです。前述しましたが、痛風は、風が吹いても痛いほどの激痛があります。このようにリウマチは、どの型をとっても強烈な痛みを伴うため、かなり強い痛み止めを使うケースがほとんどです。その費用だけでもかなりの額になります。

先日も、8年間もリウマチの治療を続けているという方に、お目にかかる機会がありました。なかなか痛みがとれないので、治療法を少し変えましょうと医者に言われたが、保険を使っても月に70万円から80万円くらいかかると言われ、途方に暮れていると嘆かれていました。それでも痛みには変えられないと、その治療を今からしようかというときに、私と出会ったというわけです。

波動機で測定してみたところ、その方の場合、本人自身ではなく霊障によるリウマチであるということが分かりました。そこで、すぐに浄霊をしてあげたところ、その場で楽になられました。

「あんなに痛かったのが嘘みたい。どうしてなの？　まるで魔法にかかったみたい」

そう不思議がられていました。その方は、その場で痛みが取れたこともあり、病院の治療法を断わり、私達と一緒に霊障を取って克服していくとのことでした。

一般にリウマチというのは、血流が悪くなると痛みが増しますから、血流をよくしておきさえすれば痛みが襲ってくることも少ないです。血流をよくするには、磁石ネックレスをつけておきさえすればよいわけです。ですから、リウマチは、じつはそれほど恐い病気ではないのです。多くの患者さんは、その仕組みをご存じないため、せっせと病院に通っては、痛み止めに頼る日々を過ごしておられるわけです。

2. 肝炎

■B型肝炎のキャリアはいないのに

波動測定によって表れる顕著な例としては、リウマチのほかに肝炎ウイルスもあります。現在30歳になる私の次男も4歳の時、このウイルスに感染していることが分かりました（その経緯については、後ほど「第7章　17回目の入院は勝利宣言」で述べます）。

ところが、わが家の家系にはB型肝炎ウイルスのキャリアは誰一人いません。にもかかわらず、次男だけがなぜ感染したのか、いつどこで感染したのか。その疑問が長い間私を悩ませ続けました。

4歳で鼻血が止まらなかったとき、私と主人の会社の人からも献血してもらいましたが、そのときの影響だろうか、あるいは予防接種のときに針から感染したのだろうか等々、いろいろ想定してみるのですが、いっこうに分からないままだったのです。ただ、次男は小さい時から顔色が黄色く、なんでこんなに黄色いのだろうと不思議には思っていました。今から思えば、もうその頃から因子だけは持っていたのでしょう。それが何かのきっかけにワッと出て、発病したのではないかと思うのです。

やがて、波動測定を研究し始めた私は、肝機能に問題がある人の場合、必ずウイルスを調べ、マイナス反応が出たら、A型かB型かC型かまで測定することにしました。その結果、次のことが分かったのです。

例えば、B型ウイルスでマイナスが出た人は、両親のうちいずれかと、兄弟全員についてB型にマイナス0位が出ます。マイナスを持った人が子どもを持つと、その子どもたち全員がマイナス0位になります。因子があることと、発病との関係は、正確には分かりませんが、発病した場合は、マイナス5とか6になることは分かりました。

■私の家系に肝炎の因子が

わが家の家系を詳細に調べますと、B型肝炎ウイルスに感染しているのは、両親兄弟中でも次男ただ一人であることが分かりました。しかも、主人の方の関係では、誰一人としてウイルスの因子を持っている人はいませんでした。もちろん、A型もB型もC型もプラス20と出ました。

ところが、私の身内を調べたところ、私の兄弟、子ども、孫全員がB型についてはマイナス０との数値が出たのです。ちなみにA型とC型については、全員プラス20と出ました。つまり、因子を持っていない人の場合は、プラス20という数値が出ることから、マイナス０という数値は、発病こそしないまでも因子は確実に持っているということなのです。

さらに調べていくと、私の父親系はすべて大丈夫だったのですが、母親がマイナス０の因子を持っており、しかも母の実家では、肝臓がもとで亡くなっている人が多いことも分かりました。

また、母の兄は従兄弟同士で結婚しており、その兄自身が肝臓の病気で亡くなっていたのです。その子どもが４人おり、私とは従兄弟関係に当たりますが、一番下の従兄弟がやはり肝臓病で亡くなっています。さらに跡継ぎの子どもも肝臓が悪く、前にインターフェロンの投与を受けて成功したかの様子でしたが、先日訪ねた時には、歩くのも辛いと言っており、どうやらぶり返しているようです。測定してみると、やはりB型ウイルス、肝臓マイナス６でした。なお、それ以外の従兄弟はマイナス０の因子はありますが、発病はしていません。
以上のことから、ウイルス性肝炎は、因子を持っている方が、何らかの引き金によって、発病するのではないかという事実が解明できたのでした。

■これまで出合ったすべての病気に、いまは感謝

これはすごい事実だと思います。現代医学の世界では、肝炎の原因は輸血の際にウイルスに感染したことによるとの説がありますが、それ以外にも、こういう場合があるのではないかと推測されます。

おそらく次男も因子を持っていて、B型肝炎の発病で肝機能の働きが悪くなり、血液が出来にくくなり、血小板が少なくなって血が止まらなくなり、紫斑《しはん》病になったのでしょう。同時に貧血になり、気管支炎まで併発してしまったのです。

4歳で入院した時、血液検査をされるのが嫌で、処置室に行きたくないとベッドにしがみついて泣く次男に、「どうして言うことを聞けないの」と叱ると、「だって、(血管が細くて)血がなかなか出てこないから、何回も何回も注射されて痛いんだもん」と、必死に訴えていた姿が、今でも忘れられません。本当に辛い思いをさせてごめんねと、何度心の

中で叫び続けたことでしょう。

今なら発病しても、何も恐いものはないのだと確信を持って言えますが、当時は何をするのも本当にビクビクものだったのです。普段の生活、特に食事には気を使い、この子は無事に結婚できるのだろうかと、ずいぶん心配したものです。

しかし、あの苦労があったからこそ、今の私たちがいるのだと、最近は声を大にして言えます。あのような経験がなければ、私は波動と出合うことも、健康についてこのような本を出すこともなかっただろうと思います。

そう思うにつけ、これまで出合ったすべての病気に、むしろ感謝の毎日です。

第4章

波動機で心の中も数値で分かる

1．人間性をみれば、その人の全体像が出る

■初めての方は、まず人間性をみる

波動機で心の中もみることができることが分かり、その人物の全体像や人間性を把握することが可能になりました。詳細に性格分析をすることで、自分に欠けている部分が何なのかを自覚し、それを変えていくことで問題の根本解決にもつなげていくことができるというわけです。

測定できる項目をあげると、人間性、感謝、道徳観、協調性、意志、短気度、虚偽、不信感、サタン、幸福、ストレス……のようになります。実際に測定してみると、「その通り！」と声を大にして言いたいほどピッタリ当たっていることに本当に驚かされます。それくらい正確な数字となって表れてくるのです。

当初はそれらの項目を一つ一つ調べていました。しかし、そのうちに人間性の数値と他

の部分のデータがほとんど同じ結果になることが分かってきたので、最近では人間性だけをみるようにしています。特に初めての方の場合は、まず人間性をみて次に進んでも大丈夫かどうかを判断するようにしています。その結果によっては、それ以上みることが難しい場合があるからです。

なかには、波動数値が犬や猫とあまり変わらない方がいるのですが、そういう方の場合、私達がいくら説明しても、まず理解していただけません。そのため、互いに時間の無駄になるだけですから、はっきりお断りしています。それを私たちは「波動が合わない」と申しております。

こうして如実に数値に表れることが分かってきましたので、こちらもすぐに判断できるようになりました。

■有名な人には人間性のすぐれた人が多い

人間60年近くも生きていると、実にいろいろな人に出会うものです。特に、こうしたことに携わっていると、宗教の教祖様や霊能者の方などにも、数多くお会いする機会があるものです。私はそのような機会を得るたびに、その方々を写真に撮らせていただき、そのお写真から波動機で測定させていただいています。その結果、興味深いことが分かりました。

例えば、宗教を例にあげますと、教祖様というのは神様と同じプラス99の高波動をお持ちの方が多いのですが、マスコミで批判されたり、犯罪などに絡んだりした宗教者の場合は、人間性はマイナスで出ることが多くなります。そのたびに、波動機はちゃんと見抜けるのだと、感動とともに確信を深めております。

霊能者の方も、本物の方はプラス99の波動が出ている場合が多いです。この方々は、世間の偏見のなか意志をつらぬき、大勢の浄霊にあたられ救われた方もたくさんおられることと思います。これからもますます頑張ってやり続けていってほしいと思います。

そうしたなかマイナスの出られる方もおられます。私達も以前は、なかなかそうした事実を見抜けず、お金や時間ばかりを費やすなど、ずい分と回り道をしたものです。

その他、有名人の方についても、いくつか記録したデータがありますので、そのほんの一部を紹介したいと思います。写真から、その時の体の状態や心の状態まで測定できますので大変参考になります。そして、たまに病気であることが分かると、「私がそこにいれば、10分足らずで元気にしてあげられるのにねぇ」などと、そのとき一緒にテレビを見ていた仲間と話したりしています。

表6は、よく皆さんご存じの有名人の測定結果をまとめたものですが、さすが見識ある有名人というだけあって、人格（人間性）はプラス99と出ているケースが多いですね。良い測定値が出るたびに、「この方はやっぱり素晴らしい方なのね」と、その場にいた人たちと、納得しています。これはおそらく、テレビに出演される方というのは、何

【表6】　有名人の測定結果

項目＼イニシャル	W（俳優）	S（歌手）	M（司会者）	J（米国の歌手）	K（落語家）
人間性	＋99	＋99	−20	−20	＋99
霊障	＋	＋	−	−	＋
感謝	＋	＋	＋	−	＋
虚偽	＋	＋	＋	＋	＋
サタン	＋	＋	＋	−	＋
うらみ	＋	＋	＋	−	＋
道徳感	＋	＋	＋	＋	＋

注）写真を写したその日のデータです。

★皆さんがよく御存知の有名な方々（イニシャルにしてあります。ご了承ください）の測定結果ですが、霊障があると人間性もマイナスになります。除霊できればプラスになると思います。同時に病気もマイナスからプラスに変わってくると思います。

らかの使命を持って、この世に生まれてこられたからなのでしょう。

ただし、なかには「えっ、この方がどうして?」と意外に思うほど、期待はずれの結果が出る有名人もいらっしゃいましたが…。

それから、歴史上の偉大な方々も、もちろん測定できます。表7がそうですが、このような数字が出ました。

【表7】 歴史上の偉人の測定結果（写真で測定）

項目＼人名	マザー・テレサ	アルバート・アインシュタイン	アドルフ・ヒトラー	ヨシフ・スターリン
感謝・足る事が無	+	+	−	−
協調性	+	+	−	+
無私・自己中心	+	+	−	−
不信・疑惑	+	+	+	−
虚偽・欺き	+	+	−	+
短期・怒る	+	+	−	+
確信と道徳	+	+	−	+
柔軟性と統率力	+	+	+	+
意志	+	+	+	+
強い自己・臆病	+	+	+	+
人間性	+	+	−	−

2. ペットの心の中をのぞいてみたら

■わが家は猫大好き家族

サスケは、野原に捨てられているのを、偶然通りかかった娘が、可哀相に思って拾ってきた雄の茶トラ猫です。わが家にはすでにモモという雌猫がいましたが、サスケが来た１年後に死んでしまいました。その後、すぐに友人の家で生まれた小太郎（雄）を引き取りましたが、その小太郎が平成15年９月２日に家を出たきり、いまだに帰ってこないのです。新聞に迷子猫の広告も２度出し、霊能者や占い師も訪ねましたが、いっこうに見つかりません。

私の近所には猫好きの人がけっこういて、その中の一人に自分が飼っている猫以外に、野良猫たちにも餌をあげている人がいました。その彼女が面倒をみていた野良猫の中の１匹が３匹の子猫を産みましたが、実は私も野良猫を見ると放っておけない性格なので、その3匹の子猫を放っておくことができず、予防注射をしてペットショップに引き取ってもらうことにしたのです。

ところが、そのうち1匹は予防注射を打つ前に交通事故で死に、残りの2匹をひとまず私の家に引き取り、予防注射のために犬猫病院に連れて行くと、そこの女性看護師さんがミケを気に入って飼ってくださることになりました。残りは1匹だけです。取りあえず、後ろ髪をひかれながら、ペットショップへ持っていきました。帰ってくると、寂しくて涙が出てきました。主人が帰ってきて、私がメソメソしているのを見かねて、「泣くほどかわいいのなら、うちで飼えばいいじゃないか」と言ってくれたのです。

そこで、ペットショップに飛んで行って連れて帰ってきたのがムサシなのです。ムサシは、小太郎のいない隙間を埋めてくれているのです。

■愛する人が1週間留守、3日間留守にすると…

サスケと小太郎を残して、お盆で1週間ほど里帰りしました。彼らと一緒に留守番をすることになった主人には、私が帰る日に毛を抜いておくように頼んでおきました。帰ってから、その毛で波動を測定するためです。

そしてその測定の結果は、表8のようなものでしたが、私の留守中、2匹とも寂しさ、ストレス、不安の数字がずいぶん落ちていることが分かります。その数値は、私が帰宅したとたんに元に戻りました。私への信頼度はかなり高いようです。こんな結果を見せられると、彼らを置いて旅行しにくくなりますね。

さて、その後も3日ほど旅行で家を開けることになりました。寂しさやストレスのマイナス値が今回はお盆の時の半分だから、寂しさも半分ですむだろうと夕

【表8】 愛する人が1週間留守にすると…（サスケ&小太郎の場合）

●サスケ

日付＼測定項目	H15年8月12日	留守 H15年8月19日	半日後 H15年8月20日	1日半後 H15年8月21日
淋しさ	+17	−2	+12	+17
ストレス	+17	−2	+12	+17
不安	+16	+0	+12	+15

●小太郎

日付＼測定項目	H15年8月12日	留守 H15年8月19日	半日後 H15年8月20日	1日半後 H15年8月21日
淋しさ	+16	−2	+13	+17
ストレス	+17	−2	+13	+17
不安	+15	+0	+12	+17

【表9】 3日間旅行で留守の時は？（サスケ&ムサシの場合）

●サスケ

日付＼測定項目	H16年5月2日	3日留守 H16年5月4日	帰宅3時間後 H16年5月4日	帰宅12時間後 H16年5月5日
淋しさ	+16	−1	+12	+16
ストレス	+17	−2	+12	+17
不安	+17	+0	+12	+18

●ムサシ

日付＼測定項目	H16年4月14日	3日留守 H16年5月4日	帰宅3時間後 H16年5月4日	帰宅12時間後 H16年5月5日
淋しさ	−16	−1	+12	+16
ストレス	+17	−2	+13	+17
不安	+17	+0	+11	+17

カをくって出かけたところ、なんと以前の結果とほとんど変わりがない（ただし今回の測定はサスケ＆ムサシ）ことが分かりました（表9）。

しかし、元の精神状態に戻るには、長く家を空けた方が、1日遅れていることが分かります。

■臆病の波動が強いミケ

野良猫が産んだ子猫を家に連れ帰った時、2匹の心の変化を追跡調査してみたのが、表10です。

前述しましたように、雌猫のミケは犬猫病院の看護師さんにもらわれた子猫です。雄猫のムサシは結局わが家で飼うことになった3匹の子猫のうちの1匹です。

ミケはムサシと比べると、臆病だけがなぜか倍近くも違っていることが分かります。ミケはどうやら生来臆病が強いようです。うちに連れてきた時もミ

【表10】 臆病の波動が強いミケ
（ミケ＆ムサシの場合）

●ミケ　　　　●ムサシ

日付 / 測定項目	ミケ H15年12月10日	ミケ H15年12月24日	ムサシ H15年12月10日	ムサシ H15年12月24日
免疫	＋4	＋5	＋4	＋5
臆病	＋8	＋9	＋14	＋14
ストレス	－2	－1	－2	－1
心配・不安	－2	－2	－1	－1
短気・怒る	＋9	＋9	＋10	＋10
寄生虫	－3	－3	－3	－3

ケはなかなかなつかず、ごはんなどで呼ぶとムサシはすぐに飛んでくるのに、ミケはなかなか出てきませんでした。現在の飼い主に尋ねたところ、ミケは相変わらず臆病のままだといいます。

■喧嘩で傷ついた猫の心理状態

ある日のこと、サスケがひどいケガをして帰ってきました。

ケガの状態を見ようとしても、サスケは怒りが強く興奮していて、私の前に姿を見せようとしません。

そこで、サスケを追いかけ回して毛を抜き、その毛を測定してみたところ、細菌感染とリンパ等プラスになっていたので、ひとまず安心し、一晩様子をみることにしました。

ところが、翌朝になると、傷口から汁が出ています。慌てて毛を抜いて調べると、細菌感染と膿瘍がマイナスになっていました。

すぐに病院に連れて行き、大きな注射器で傷口の消毒をしてもらうと、かなり痛かったのか大暴れしました。

帰宅して、もう１度測定すると、それまでプラス13だった恐怖の数字が、なんとマイナ

尻尾に大ケガをしたサスケ

サスケ涙が光っている

ス７にまで下がっていたのです（表11）。また、そのときに撮った写真もありますので、ご覧ください。猫には珍しく涙が光っているのが分かります。

恐怖はすぐにプラスに転じましたが、３日後再検査のために再び病院に行くと、恐怖はまたマイナスに落ちてしまいました。どうやらサスケは病院が恐いようです。

■行方不明、帰還したときの心の中は？

ある日サスケが行方不明になり、新聞広告まで出して捜したことがありました。

いなくなって１週間経った真夜中、猫の出入り口をチェックしてから寝ようと出入り口を見たら、そこに突然サスケの顔が現れました。ああ帰って来たのだわと、抱き上げると悲しいほどに軽く、ガリガ

【表11】　喧嘩で傷ついた猫の心理状態（サスケの場合）

	尻ケガ	家で	病院行く			病院行く	
日付／測定項目	H15年6月17日	H15年6月18日	H15年6月18日	H15年6月19日	H15年6月20日	H15年6月21日	H15年7月2日
免疫	＋9	＋9	＋9	＋13	＋13	＋14	＋18
痛み	－6	－7	－6	－2	＋4	＋9	＋16
膿瘍	＋5	－7	－5	－2	＋4	＋9	＋16
細菌	＋5	－7	－5	－2	＋4	＋9	＋12
恐怖	－1	＋13	－7	＋4	＋9	－1	＋16
怒り	－6	－3	－1	＋6	＋11	＋20	＋20

リに痩せていました。急いで餌をあげると、それこそガツガツと貪《むさぼ》るように食べました。1週間もの間、どこでどうやっていたのやら。見たところ、幸いケガはないようなので安心し、サスケの心理状態を探ろうと毛を抜き測定してみました(表12)。

閉所恐怖症もありましたので、1週間ものあいだ、どこかに閉じ込められていたのかもしれません。サスケの閉所恐怖症があったということが、なぜ分かったのかというと、それも波動機での測定によってです。波動機には性格分析のためのコード番号があり、例えば3460が恐怖、364Eが寂しさ、38ABが閉

【表12】 行方不明・帰ってきた時の心の中(サスケの場合)

	AM 2 時 ご飯食べて	AM 8 時 1 晩寝	AM 8 時 2 晩寝	AM 8 時 3 晩寝
日付 / 測定項目	H15年 7 月11日	H15年 7 月11日	H15年 7 月12日	H15年 7 月13日
免疫	+ 2	+ 7	+11	+14
血液循環	− 4	+ 0	+11	+14
動脈硬化	− 4	+ 0	+10	+14
恐怖	−11	− 1	+12	+20
寂しさ	−11	− 1	+12	+20
極度疲労	−10	− 1	+15	+20
心配・不安	−10	− 3	+11	+15
栄養不良	− 5	− 2	+ 2	+ 5
閉所恐怖症	−15	− 5	+17	+20

所恐怖症というように、そのコード番号にどれくらい反応するかでみていくのです。

この方法を使って、どんな動物についても、その性質を知ることができます。鳥だろうが魚だろうが、その動物の写真が１枚あれば、すべてを知ることができるのです。具合が悪くなった動物に対しては、それがウイルス感染なのか細菌感染なのかも分かります。要するに、考えられないことが分かるということです。ですから、病状に合わせて治療することで、どんどんよくなっていきます。

ムサシ、ねずみをもてあそぶ

■猫につかまったねずみの心境って？

ムサシが外で、夢中で何かをもてあそんでいました。見ると大きいねずみでした。どこで見つけてきたのでしょうか。もうだいぶ弱っている様子です。

猫はねずみを獲るのが仕事。お手柄ムサシ君です。さっそく写真を撮りました。写真が出来上がり、波動測定してみると、何だかとってもかわいそうなねずみ君の心の中が分かったのです（表13）。

【表13】　猫につかまったねずみの心境
（ねずみ＆ムサシの場合）

	ねずみ	ムサシ
日付／測定項目	H16年10月25日	H16年10月25日
恐怖	−20	+20
痛み	−10	+20
ストレス	−17	+20
悲しみ	−17	+20

■ハウスの中に閉じ込められた猫の心の不安は？

平成16年11月12日、いつも家の周りで遊んでいるはずのムサシが12日の昼頃から見当らず、夜も帰って来なかったのです。夜中2時頃、床についた私が、心配のあまり寝れず。何度も起きて見にいきましたが、なしのつぶてでした。

次の日、朝早く起きてまた捜し始めました。今回は、小太郎のこともあって、最近ムサシに発信機を付けておいたので少しは安心していました。大体どの辺にいるかパソコンで位置を調べられるからです。パソコンの地図は西の方と出ましが、かなり遠くの方のようです。猫がそんな所まで行くことはないと主人や子供は言いますが、発信機の教えるとおりの所をあちこち捜しましたが見つかりません。発信機の電波の少ないところでは、正確に出ないようです。

朝から時間の許す限り走り回って捜し、あきらめきれずに夜10時頃も「ムサシ」と呼びながら歩いていますと、どこかで「ニャー」と声がするのです。発信機のピカピカも見える大きなナスのビニールハウスの中にいました。鍵がかかっていてあかないので、すぐハウスの経営者に電話して出してもらいました。

その時の心の中です（表14）。

【表14】　ビニールハウスの中に閉じ込められた猫の心の不安（ムサシの場合）

測定項目＼日付	PM10時半 H16年11月13日	30分後 H16年11月13日	3時間後 H16年11月13日	一晩寝 H16年11月14日
淋しさ	－5	＋11	＋15	＋20
恐怖	－5	＋11	＋15	＋20
極度疲労	－1	＋4	＋15	＋20
閉所恐怖症	－6	＋4	＋18	＋20
心配・不安	－6	＋4	＋18	＋20
悲しみ	－0	＋4	＋18	＋20
ストレス	－0	＋4	＋18	＋20
穏やかな環境	－0	＋13	＋18	＋20
体液	－2	＋2	＋11	＋14

第5章

波動機で霊障も神様もキャッチできる

■気の流れ（霊的存在）もみてあげるように教えられて

波動と磁石ネックレス、この素晴らしいのひと言につきる、すごいものにご縁をいただいてから4年がたちました。いろんなことを学び、たくさんの人に出会い、毎日休む暇なく働き、経済的にもゆとりが出ました。それまで調子の悪かった人が、元気になっていくのが一番の喜びと、誇りを持っていました。

そんななかにおいて、磁石ネックレスを何本つけても改善されない方がいらっしゃるのがどうしてなのか、完璧主義の私には、疑問が出てきました。波動機で調べると、これ以上すごいものってないのにどうしてなんだろう？

そんなある日、同じ磁石ネックレスですが、厚生労働省で許可されている最高の2000ガウスの磁石ネックレスの販売に着手している社長さんとの出会いがありました。

磁石ネックレスを調べると、測定数値が高かったことと、あまりつっ走ってきたのでひと休みして、波動の真髄を極めたいと思い、4年間お世話になった磁石ネックレスの会社から新しい会社へ移りました。今度の会社の社長さんは最初に、測定のときは、「免疫や血液の流れの他にストレス、気の流れ（霊的なこと）もみてあげないと良くならないよ」

とおっしゃられ、びっくりしました。以前は反対に、「霊的なものは自分達、波動士に感応してくるから絶対見てはダメ」とクギをさされていたからです。
社長さんは、「ネックレスに縁があった方は皆さん、元気になっていただかなければいけない。それには、そういうことも必要です」とのことを強くおっしゃいました。除霊方法は？　とお聞きすると、「ある霊能者の方に塩を手でにぎってやる方法を教えていただいた」とか言われました。
本当に塩だけで除霊できるのだろうか？
この後日談でいろいろな体験にぶちあたって、除霊方法も、ただ追い出す除霊方法より、霊を清めてしまう浄霊方法に進化していきます。そして、その社長さんの鶴の一声で、恐る恐る霊障というのをみるようになっていきました。そして1年あまりで、いろんな境遇にたたされ、それをすべて自分の成長の糧とさせていただきました。
私の人生の疑問↓亡くなった長男の死後の世界のこと
私の人生の目的↓世の中に役に立つことの中の一つである薬漬けの問題
という素晴らしい目標が出来、私の人生を大きく変えさせていただいたことで、感謝の気持ちでいっぱいです。

それも以前の波動の4年間の基礎、また15年間、ある宗教で神様のことや霊界のこと、病気のこと等、学ばせていただいたこその出合いであり、結果であると思うと、ご縁をいただいた皆様に感謝の気持ちでいっぱいです。

そのご恩返しは、これから一生懸命させていただこうと思っております。

■写真で分かる

写真からも写した時の気が出ているので、測定すると分かると教えていただき、いろいろやってみることにしました。

すると、自分ながら不思議で仕方ないのですが、心の中も身体の中も、霊障も、写真の人がなぜ病気になったり、事故を起しているのか、殺人を犯してしまったのか等、調べれば調べる程、答えが出てくるのです。最近では情報いっぱいのテレビ番組があるので、パチパチ写して調べることができ、誰の遠慮もなく研究に思う存分、拍車がかかります。

例えば無謀な事故・殺人・知識人等のわいせつ行為等、テレビのワイドショーを賑わしていますが、そうした事件の裏には必ず、動物霊・うらみ・悲しみの霊・サタン霊とかがかかわっています。と同時に第1頸椎の悪い霊に憑かれている方が多いです。

第1頸椎とは、神経疾患が起こる頸椎で、現在生活していらっしゃる方でも、眠れない、うつ、ヒステリー、登校拒否、自殺願望といったものになる頸椎です。そこが悪くて亡くなった方に憑かれてしまったり、本人自身がマイナス度がひどい場合は、精神病院へ行っている方もいらっしゃいます。

こういった方は、天から声が聞こえたとか、背後で指図されたとか、よく言われます。そんなふうに本人以外の誰かにそそのかされて大事件を起こしています。それは、言うまでもなく霊的だったに違いありません。このような病状のときは、まず浄霊すること、第1頸椎の神経を磁石ネックレスで、プラスに変えてしまうことで改善されます。

最近話題になった、某癌の薬は、薬害で死亡されることもあって禁止になったものです。現在それを飲んでいる方、その方の患部の写真等が放映されました。波動を測定してみると、まず薬害にマイナス6そして、癌にプラス20、うらみにプラス20ありました。現在その薬を飲んでいる方は調子がよいと言っていました。

その人は、癌でうらみの霊が憑いているので、その薬を飲用すれば、癌とうらみ波動が消えるので楽になりますが、いっぽうで薬害が残ります。ですから、本当に原因をなくすには浄霊して薬害の薬を止めて血液循環をよくする磁石ネックレスをつければ、解決するのです。簡単なことですが、世界中の人が分かっていないのが現状でしょう。また、あまりにも簡単すぎて信じられないという人が多いのも、現実です。

もっとすごいのは、写真の上に磁石ネックレスを乗せてプラス20以上になれば、磁石ネックレスが改善してくれるということですし、念入り塩を乗せてプラス20以上になれば霊障ですので塩が効くということになります。その方にとって、何が必要なのかも分かってしまうのです。波動機を使いこなすことができるようになれば、それだけすごい事実が解読可能になるのです。なぜそんなことまで分かるのか、私にも不思議で信じられないときもあります。しかし、現実なのです。何年か先、何十年か先には、それが解き明かされる日が、必ず来ることでしょう。

■自分自身　～3歳から今日まで～

ここで私自身の波動数値の変化についても具体的にお話ししたいと思います。

測定するには、写真を用います。そこで、写真が残されている3歳から現在までの私について、心の中や体の中の状態を順番に調べていきました。その結果、ある重大な変化が、何カ所かで見られることが分かりました。

３歳のとき。２歳年上の兄と

18歳の著者

左は、3歳の時に2歳年上の兄と、近所の写真屋さんで撮影してもらった写真です。調べた結果、全体像・霊相は99、その他はすべて20という数字が出ました。これは、神様とまったく同じ数字で最高のレベルです。

ところが、10歳になると、人間性は一気に20まで落ち、それ以外にもマイナス20などという数字がいくつか表れました。これは、何かに憑かれている証拠です。妄念の霊波動からくるクモ膜とキツネの霊波動からくる副鼻腔炎、深い悲しみの霊波動からくる臆病、リウマチの霊等に取り憑かれていたようです。

そういえば思い当たることがあります。学生の頃の私は、授業中よく生あくびが出て、先生の言葉が頭に入らず、いつもボーッとしていました。それはおそらくクモ膜や脳梗塞の霊のせいだったのでしょう。それに冷え性だったのですが、これはリウマチの霊のせいだったというわけです。また、鼻がよく出て、手術を勧められたほどでした。ところが、鼻の方は18歳の頃にピタリと出なくなりました。

精神面では臆病風が私を苦しめました。人前で話したり歌ったりすることが、どうしてもできないのです。俗に「あがり症」などという言葉がありますが、私の場合はそれを超えていたのです。みんなの前で話すことを想像しただけでも心臓が波打ち、頭が真っ白になってしまうほどでした。臆病は、脳梗塞やリウマチと一緒に、約50年もの間、私の体に住みついていたのです。

副鼻腔炎やクモ膜の霊は、私の知らない間にいなくなっていました。それとともに、体の苦痛は、いつのまにか

41歳の時、片方の胸を手術

改善されていたのです。それについては、表15をご覧ください。現在は、そうした苦痛や性格上の欠点に苦しめられることはありません。ただし、41歳の時に私は、怨みの霊波動を持つ乳癌の人に取り憑かれ、片方の胸を手術しております。

　波動機に出合った頃の私は、まだ心や体の中にさまざまな後遺症を抱えておりました。臆病も、その頃はまだマイナスで

【表15】　3歳から現在までの心や体の状態（著者の場合）

測定項目＼年齢	3歳	10歳	18歳	33歳	41歳	46歳	55歳	56歳	57歳
クモ膜	+20	−20	−20	−20	−20	−20	+	+	+
妄念	+20	−20	−20	−20	−20	−20	+	+	+
副鼻腔炎	+20	−20	+	+	+	+	+	+	+
キツネ系統	+20	−20	+	+	+	+	+	+	+
臆病	+99	−20	−20	−20	−20	−20	−20	−20	+99
深い悲しみ	+20	−20	−20	−20	−20	−20	−20	−20	+
リウマチ	+20	−20	−20	−20	−20	−20	−20	−20	+
脳梗塞	+20	−20	−20	−20	−20	−20	−20	−20	+
乳癌	+20	+	+	+	−20	−20	−20	−20	+
卵巣癌	+20	+	+	+	−20	−20	−20	−20	+
うらみ	+20	+	+	+	−20	−20	−20	−20	+
直腸	+20	+	+	+	+	−20	−20	−20	+
便秘	+20	+	+	+	+	−20	−20	−20	+
人間性	+99	+20	+20	+20	+20	+20	+20	+20	+99

※私（著者）自身の独自の測定法で、霊障の場合はマイナス20が出ます

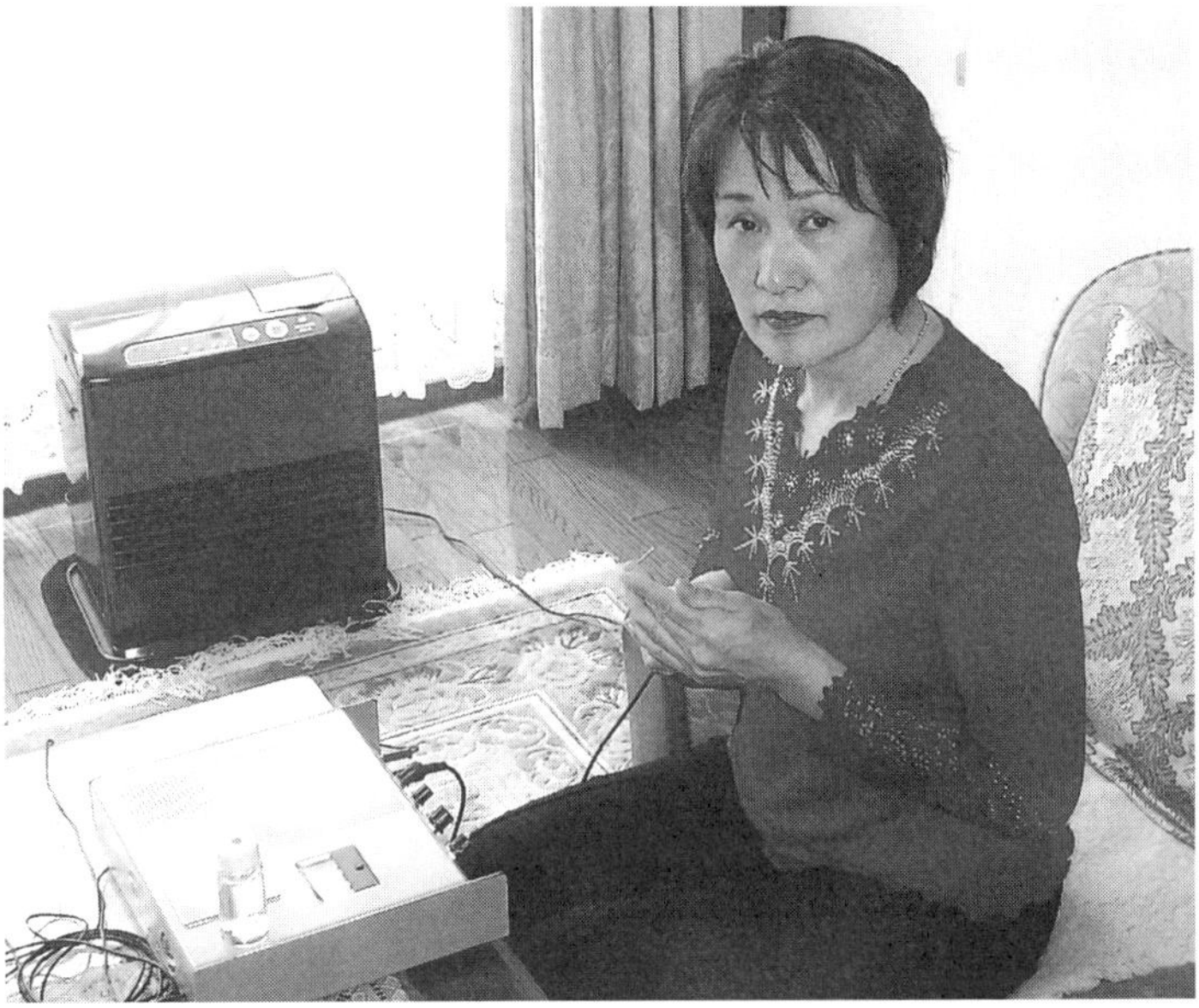

波動機で測定中

したので、相変わらず人前で話すことが苦手だったのです。ところがその頃は、それが霊的な原因によるものとはまだ理解できていませんでした。

そのため、この性格をなんとしてでもなおさなければと、必死の思いでいたのです。催眠術でなおせないものかと、20万円もかけて東京まで泊まりがけで出かけたりもしましたが、いっこうになおる気配はありませんでした。

私は、これまでの人生のほとんどの部分をこうしたマイナスの波動に牛耳られていたのです。そのせいで、さんざん苦しみ、いくら努力しても報われずにきたのだと、今さらながらつくづく思います。それでも、重い病気のせいで薬漬けになることもなく、痛くてたまらないほどの苦しみを味わうということもなかったことには、感謝をしています。

■神様も波動でキャッチできる

神様っていらっしゃるのでしょうか、いらっしゃらないのでしょうか――。いらっしゃるのでしたら、どうしてすぐ不幸現象を取り除いてくれないのだろうと勝手なわがままを言っていた、かつての私でした。

しかし今となって、やっと少しずつ理解できてくるようになりました。一口では言い表わせないけれど……。波動機を扱えるようになってその神様の実態を霊がキャッチできるのと同じように、キャッチできるようになったのです。

それも霊能者の田中先生にいろんな神社へ連れていっていただきましたので、その神社の写真を撮ってきて測定するのです。また、比べるために他の神社や氏神様や家庭の神様等、写真に撮って調べてみました。先生に連れて行っていただいた奈良の弁財天、三重の岡八幡宮、高山の位山と、すべてプラス99以上の神様でした。また、氏神様等、プラス40

とか、各家庭の神様に至ってはプラス20とか、数値で出てきます。マイナス20のところもありますが、ここは動物霊に支配されているのでしょうか？

■神様は高波動

ある時、波動のことでは一目おかれている方にお会いして、「神様は、99あるんだよ。人間も使命のある方等？　は99で出るんだよ」と話すと、「何？　神様が99なんて、そんなちっぽけな数字じゃないよ」と馬鹿にした口調で言われました。

「だって、波動機では99までしか測定できないでしょう！」と私が反論すると、「ちゃんと上手な測定の仕方があるんだよ」とその方も、先輩から聞いたことを私に教えてくださいました。

その方に、私が現在不幸や病気の大本が分かり、それを取り除ける旨の話をすると、「それは画期的ですごいことだ。皆それができないから苦しんでいるんだよ。すごいこと発見したね。僕にも教えてよ。何百万円でも払うよ」

と、波動のことが分かっているだけあって理解度も早い方でした。

そしてさっそく、その方に教えられた通りのことをやってみると、まぎれもなくプラス

515という数字が出てきましたので、他の波動士の方達にも同じようにやっていただくと、やはり同じ数字が出てきました。人間も99だった人は515の数字が出ました。

その後またいろいろ工夫して、最高9000という数字が一番高い波動数字になることが分かり、それでやってみると、結構合っているので、現在はそれを使って調べるようになりました。

私の家の神様も、田中先生にやっていただいただけあって515ありました。その後、主人の入院のことなど（第7章に記載）、ありましたので、先生が「もっと格上げしてあげよう」と言って、ご祈祷して奉ってくださった後でもう1度御神体を測定すると、515だった神様が何と9000以上の数字になっていて、今度こそこれ以上の測定は不可能になってしまいました。

また、先生に念を入れていただいた水晶も9000以上あるので、分かる人は水晶を持っただけで身体があつくなったり身体がすっきりしてくるとか言いますし、浄霊の時はこの水晶を首に入れるだけで1分で霊が出てくるというのが9000の威力なのでしょう！

そして先生に特に念を入れていただいた高波動の塩も9000以上あり、これもまた、塩の中に取り出した霊にふりかけると、うらみ波動も、痛み波動も、動物波動も消えてしまうというのもその威力なのでしょう！

■神の実在

教祖様や霊能者の方や学識のある方にどれだけ教えられてもなかなか信じきれない私でしたが、現在はこの波動機だけは信じられる私です。どういう結果が出るのか、どういう返事が返ってくるのか、やってみなければ答えは出てきません。やってみて初めてああそうなの、なるほど、と答えが出てくるのです。

目に見える数値での判断、そして、耳で聞こえる音での判断ができ、皆さんのいる前で分かっていただけるので、私の測定会場におみえになっておられる方は皆さん感動されています。

先日もうらみ波動の強い霊が憑いて、ポルターガイスト現象が起きてしまい、波動機が使えなかったのですが、その霊を取り押さえ、高波動の塩をふりかけた途端にその霊はおとなしくなって波動機の異常現象も消え、波動を続けることができたのも、皆さんと一緒に何回も確認しております。

さらに先日は一日《ついたち》だったので、神様に野の幸・山の幸・海の幸と御奉納させていただき、おさげしてから残っていたものとの数値の違いをみてみました。その結果、またまた感動させていただきました（表16）。

捧げる前の免疫の測定数がこうだったのに対して、タキオン波動シール（第7章「タキオンパワーとの出合い」の項参照）を貼った冷蔵庫に入れたものはすべてプラス68となり、神様に捧げさせていただいたものはすべてプラス9000とすごい数字が出たのです。いや、これは、先生に言わせれば当り前のことかもしれませんが。

人間というのは、言葉だけでは信じられないものなんですよね。測定してみてやっと分かるのです。私自身、改めてびっくりさせられ、心改めさせられました。そのようなことで、最近では、神の実在をあちこちで見せていただいております。

【表16】 野の幸・山の幸・海の幸の測定結果

	かつおパック	昆布	ナス	豆
捧げる前	＋7	＋9	＋5	＋7
冷蔵庫	＋68	＋68	＋68	＋68
捧げた後	＋9000	＋9000	＋9000	＋9000

郵 便 は が き

恐縮ですが
切手を貼っ
てお出しく
ださい

160-0004

東京都新宿区
四谷4－28－20

(株) たま出版

ご愛読者カード係行

書　名					
お買上 書店名	都道 府県	市区 郡			書店
ふりがな お名前			大正 昭和 平成　　年生　　歳		
ふりがな ご住所	□□□-□□□□			性別 男・女	
お電話 番　号	（ブックサービスの際、必要）	Eメール			

お買い求めの動機
1. 書店店頭で見て　2. 小社の目録を見て　3. 人にすすめられて
4. 新聞広告、雑誌記事、書評を見て（新聞、雑誌名　　　　　）

上の質問に 1. と答えられた方の直接的な動機
1. タイトルにひかれた　2. 著者　3. 目次　4. カバーデザイン　5. 帯　6. その他

ご講読新聞　　　新聞	ご講読雑誌

たま出版の本をお買い求めいただきありがとうございます。
この愛読者カードは今後の小社出版の企画およびイベント等の資料として役立たせていただきます。

本書についてのご意見、ご感想をお聞かせ下さい。

① 内容について

② カバー、タイトル、編集について

今後、出版する上でとりあげてほしいテーマを挙げて下さい。

最近読んでおもしろかった本をお聞かせ下さい。

小社の目録や新刊情報はhttp://www.tamabook.comに出ていますが、コンピュータを使っていないので目録を　希望する　いらない

お客様の研究成果やお考えを出版してみたいというお気持ちはありますか。
ある　ない　内容・テーマ（　）

「ある」場合、小社の担当者から出版のご案内が必要ですか。
希望する　希望しない

ご協力ありがとうございました。

〈ブックサービスのご案内〉

小社書籍の直接販売を料金着払いの宅急便サービスにて承っております。ご購入希望がございましたら下の欄に書名と冊数をお書きの上ご返送下さい。　（送料１回210円）

ご注文書名	冊数	ご注文書名	冊数
	冊		冊
	冊		冊

第6章　死後の世界

■長男は1歳1カ月で生命を閉じた

長男が麻疹《はしか》にかかったのは1歳1カ月のときでした。ところが、麻疹から肺炎を併発すると、長男の右肺は潰《つぶ》れ、水がたまりました。その水を抜くために、医者は私たちに肺を切って管を差し込む手術をしたい、ただしまだ小さいため、危険な麻酔を避け、麻酔なしで行いたいと言ってきたのです。

もう3日というもの、片方だけの肺による呼吸しかできない長男は、あまりにも辛そうで、私たちはなんでもいいから1分でも早く楽にしてほしいと医者に頼みました。手術後の長男には、点滴のチューブがつけられ、暴れて針が抜けないようにと、両手ともベッドに縛りつけられた状態で帰されました。

痛みと苦しみに必死で耐えている長男は、私を見ると甘えるように抱いてほしいという眼差しを向けるのですが、それを母である私はしてあげることができないのです。どれほど身を切られるような思いだったか、ご想像いただけるでしょうか。代わってやれるものなら代わってあげたい、その思いに胸は張り裂けそうでした。

必死に闘い続けた長男でしたが、やがて力がつきたのかチアノーゼの症状が表れ、最後はか細い呼吸の中で私をじっと見つめると、静かに息を引き取ったのです。それからしばらくの間、私はまるで脱け殻のようになり、自分が生きているのが不思議でならないような、そんな毎日が続きました。

やがて私は、長男が死後の世界でどうしているのか、幸せにしているだろうか、苦しんではいないかと、気になって仕方ありませんでした。そこで、そうしたことが書かれてある本を見つけると、それこそ手当たり次第に読みあさったのです。その中で、死んだ人が生きている人の体を使って、いろいろ訴えてくるという内容の記述が目に留まりました。

私はどちらかというと、人の言うことがなかなか信じられないタイプなのですが、その本の内容では自分で話すというので、それなら信じられると思い、強く惹かれ、本を書いた人の宗教に入信しました。そうして約15年間にわたって、神様のことをはじめ、ご先祖様のこと、病気のことなどを学ばせていただきました。

その宗教団体の教祖様は、それらのことを実に分かりやすくお話しくださり、私たちを導いてくださいました。私があれだけ子どもや自分自身の病気のことで苦しみながらも、いっさいの薬の世話にもならず、今日こうして無事あるのは、この力強い教えがあったからこそと思っております。

■生まれた時の長男は神様と同じ波動

私は、その教祖様に教えられたとおりに先祖供養などもしてきたのですが、その教えの中に、死んだ時の状態が死後の世界でも続くというのがありました。長男はまるで苦しむために生まれてきたかのように、本当に短い人生を苦しみぬいて死んでいきました。ですから、せめて死後の世界では、いっさいの苦しみもなく楽しく健康に過ごさせてあげたいと、そればかりを願ったのです。

それについて、さまざまな方が私にいろいろなことをおっしゃいます。子どもはもともと天使なのだから天国に行って幸せになるに決まっていると言う人もいれば、子どもを供養したかったら私自身がもっと功徳をつめとか、ご奉仕をしろとか、御玉串を捧げろなどという宗教もあります。しかしそれを実行したところで、本当に死後の世界で幸せになれるかどうかなど、疑り深い私には信じることができません。

やがて波動に出合い、ほとんどの病気の原因を波動によって見つけられるようになりました。

そんなある日、気は写真からも出ているから、本人じゃなくても写真があれば分かるという話を聞き、長男の写真を取り出し、さっそく調べてみたのです。すると、意外な事実が分かってきました。

長男は、生まれた時も半年後も1歳の時も、とても高い波動を持っていました。それも神様と同じレベル（人間性プラス99）の波動だったのです。

ただし、1歳の時の写真には、獣の霊が写っており、それも今ちょうどその霊が長男の右足から入ろうという瞬間でした。

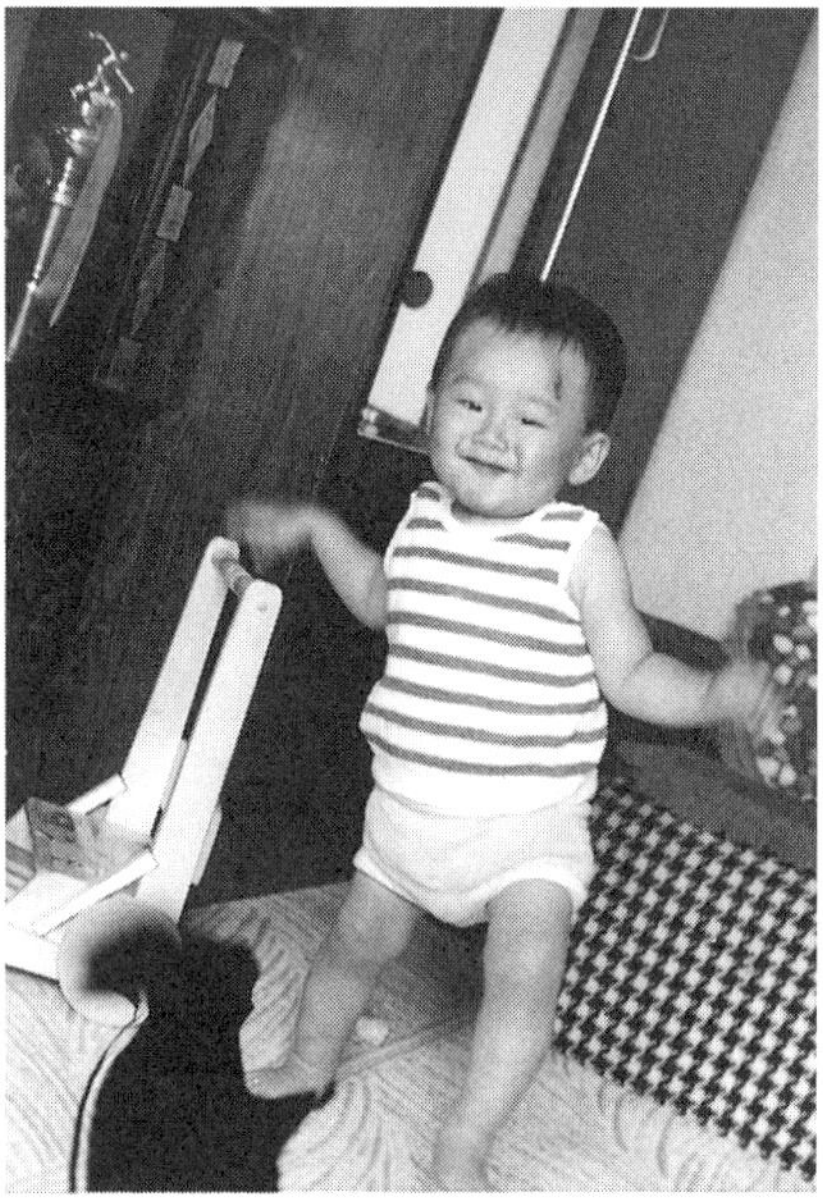

獣の霊が入ろうとした瞬間！

そして、なんということでしょう。1歳の誕生日の翌日に撮った写真を波動機で調べると、獣に憑かれてしまい、獣と同じ数値にガクンと下がっていたのです。

つまり長男は、右足から侵入したこの獣が病気を持っていて、それとまったく同じ病気にかかって亡くなったということが分かったのです（表17）。

私はこの事実に強い衝撃を受けると同時に、30年経って長男の死因を解明できたことに感動を覚えました。そして次の瞬間、長男は、この事実を伝えるために生まれ、自分の身を犠牲にしたのではないかと感じたほどです。

だとしたら、私は皆さんにお伝えしていくことで、長男の死を無駄にしないで生かすことになるのではないか、そして、それが私の使命のような気がしてなりません。

■牌を測定

さらにいろいろ考えているうちに、もしかしたら死後の世界は、お位牌に表れているのでは

【表17】 1歳1カ月で亡くなった長男の死因 30年目の解明

日付 / 測定項目	誕生日 S47年7月3日	満1歳 S48年7月3日	次の日撮る S48年7月4日	獣の霊 S48年7月4日
肺	+20	+20	−20	−20
麻疹	+20	+20	−20	−20
水腫	+20	+20	−20	−20
精巣	+20	+20	+ 8	+ 8
動物霊	+20	+20	−20	−20
うらみ	+20	+20	−20	−20
深い悲しみ	+20	+20	−20	−20
人間性	+99	+99	+20	−20

※精巣がプラス8の男の霊という事実　　（表内S＝昭和）

ないかと思うようになりました。そこで、さっそくお位牌の写真を撮り、波動を調べてみたのです。すると驚くことに、お位牌から表れる数値が、生前の本人の心と体の数値とまったく同じであることが分かりました。

わが家には、先祖代々のお位牌もありますが、そこには大勢の人が入っているせいか、人間性はマイナス20と出ました。人間性がマイナス20ということは、人間が霊の世界に支配されてしまっているということです。自分自身の意思というのは、そこにはありません。義理の両親の場合は、人間性がプラス16、最愛の長男の人間性はプラス20（元はプラス99あったのが下がっています）ですが、肺、水腫、恨み、動物霊ともにマイナス20と、病気になってからのものと同じ数値が測定されました。

この結果には愕然としました。長男は、死後の世界に行っても、死んでいった時のように、片方だけの肺でハァーハァーと苦しそうにしているのではないだろうか、死んでからも苦しんでいるのならこんな可哀相なことはない、なんとか助けて楽にしてあげなければと思ったのです。

■なんとかプラスにできないものか

なんとかお位牌の数値をプラスに転じる方法はないものかといろいろ考えたすえ、生きている人間のマイナス数値をプラスに変えるのと同じ方法を、お位牌にも試してみようと、家にあるすべてのお位牌を試してみました。そして数日後、再び写真を撮り直し測定してみたのです。

すると、どうでしょう。先祖代々のお位牌の人間性のマイナス20はプラス20に、義理の両親の人間性もプラス20になり、長男の人間性は、なんとプラス99という最高の数値まで上がりました。また、肺、水腫、恨みすべてが、マイナスからプラス20に変わったのです。

なんという喜びでしょう。これまで気になって気になって仕方がなかった長男の死後の世界での幸せなありさまが、いっさいの病気から解放されて、身も心も楽になっている姿が私には、はっきりと確信できたのです。それは30年間、私が望み続けてきたものでした。後から後からあふれる涙とともに、私は「ありがとうございます」と何度も何度も繰り返していました。

また、私は本家のお位牌についても気になりましたので、お盆に帰省した折に、先祖代々のものと義理の両親のものを写真に撮り、調べてありました。それは、分家したわが家のお位牌とまったく同じ数値であることが判明していました。

その後、右記のとおり、私の家にあるお位牌についてはすべてをプラスに転じることができましたので、本家のものについても、何か変化があるかどうか再び調べてみたのです。もちろん本家のものについてはプラスに転じる方法を試してはいません。それなのに、なんと本家のお位牌もまた、わが家のものと同じように、すべてがプラスに転じているではありませんか。本当に不思議としか言い表すことができません。

霊界は連動しているのですね。まざまざと見せつけられました。

■御供物は子孫がひと口食べることに意味がある

仏壇には、毎日お食事や御供物などを差し上げ供養していますが、食事をあげる前とあげた後とでは、数値に変化があるのかどうか調べてみました。すると、あげる前は私たちが食べるときとまったく同じ数値です。

免疫と霊性について調べました。中央におられる阿弥陀如来様、親鸞上人様、蓮如上人様、つまり仏様におあげした食事や御供物は、プラス99が出ます。ところが、次にご先祖様にあげたご飯の波動を調べてみたところ、なんとマイナス20になっているのです。私は以前から、お客様が持ってきてくれた羊羹などのお菓子を、せっかくだからまずはご先祖様にお供えしてからと言って、すぐに仏壇にあげていました。しかし、先の結果から、それだとお菓子はたちまちにマイナス20になってしまうわけです。

つまり、いったんご先祖様にお供えしたものを下げて、私たちがいただく時には、マイナス20のものを食べるということです。そんなものを食べて、体に良いわけがありません。それ以来、私はご先祖様におあげした御供物や食事を、下げたあとでいただく気にはどうしてもなれず、すべて捨ててしまいました。

あるとき、そのことを霊媒師の田中先生に話したところ、先生はご指導くださいました。

「ご先祖様にお供えしたあと、子孫の者が一緒にいただきましょうねと言って、ひと口でも食べると、ご先祖様も食べられるのですよ」。

そのことを聞いて、さっそくそのとおりに実行しました。そして、私がひと口食べてからささげたものを測定してみますと、

【表18】 御供物は子孫がひと口
●ケーキ、他

測定項目	阿弥陀様	御先祖
あげる前	＋12	＋12
おさげした物	＋99	−20
1口食べる	＋99	＋99

マイナスだったものが、すべてプラス99にまで上がっていたのです。（表18）

これには、さすがの私も驚きました。まさに先生のお言葉どおりの結果だったのです！

田中先生によると、葬式や法事の際の御供物も、子孫が食べることによって、ご先祖様も食べられるということだそうです。

では、他人が食べた場合はどうなるのだろう。そんな疑問を持った私は、友人が訪ねてきた折に、御供物をひと口食べてもらって、そのあと測定しました。測定値は、マイナスのままでした。

そうしたことから、御供物は、やはり子孫が食べることに大きな意味があるということが言えそうです。

■過去帳にもその人その人の波動が出ている

私の実家の場合、お位牌は先祖代々というものしかありません。あとは、紙で出来た過去帳に、死んだ人の名前や法名を書いたものがあるだけです。

やはりお盆で帰省した折に、位牌や過去帳を写真に撮り、あとで調べてみることにしました。すると、過去帳に書かれた人の人間性も、亡くなったときの病名も、すべて違っていることが分かりました。人間性については、高い人もいれば、低い人もいましたし、病気については、脳や肺、心臓などさまざまでした。

ということは、紙に名前を書いた過去帳からも、本人の波動が表れるということなのでしょうか?

第7章

浄霊までの長く険しい道のり

華岡青洲の妻を演じてくれた家族たち

■霊の取り方が分からず、16回目の入院になった次男

私は、霊的なものについて以前から関心がありましたし、この病気は霊障によるものだと波動機でもはっきり測定できたため、なんとかして霊を取り除きたいものだと思い続けておりました。しかし、私は霊媒師ではありませんから、どうやって霊を取り除けばよいのか、分かりませんでした。

そんな時、次男にいつもの腸閉塞の兆候が出てきました。次男は、写真で調べると結腸癌のうらみの人が、生まれた時から30年間憑いているのです。霊障ということは分かっているので、それが解消すればよいのですが…。

次男はいつものように苦しくて動けなくなってきています。私はやっと、霊的なものが分かってきたところで、どうしたらよいのか分かりません。ただ、塩を持つとよいことだ

けは聞いていたので取りあえず塩をにぎらせました。が、そのうち全身がしびれてきたと言ってその場で倒れてしまいました。結局、私には力足らずで16回目の入院になってしまいました。

そんなことがあり、なんとか霊障を取る方法がないものか、頭を悩ましておりました。

■タキオンパワーとの出合い

そんなころ、波動の仲間と食事をした際に霊の話をしたらこのタキオン波動シールは何にでも力があるし霊障にもいいよと教えて下さいました。さっそく家へ帰って波動機で調べてみました。すると、今まで出合ったなかでは、本当に波動が一番高いのです。そして後日、霊障がある方がみえたので、10セットくらい持ってもらいましたら、事実、霊の反応がなくなってしまいました。

タキオンパワー　Tachyon-power

その方はタキオン波動シールを世の中に出した霊能者の田中贏諺先生と懇意にされていたのです。タキオン波動シールは、田中先生の滝修行中に観音様が現われ、「万人に役立つようにこれを使いなさい」とおっしゃり、光背を差し出されたそうで、それをシールにしたものです。

今まで皆さんが使われ、いろんな効果や結果が出ています。それを使うことにより、車の燃費の15～30パーセントもの節約や、動かなくなった電化商品が動き出したり、電磁波がなくなったり、お酒や水がおいしくなったり、枕の下やフトンの下に敷くと赤ちゃんの夜泣きや不眠症が良くなったり、冷蔵庫の中に貼ったら波動がすべて高波動になったり、痛いところにあてたら痛みが止まったり、ありとあらゆる効果・効用が出てきています。

そして、私が一番求めていた霊障が取れるのです。

■交通事故を起こす霊に憑かれて

霊障が取れる強い味方を得た私は、ある日、波動会場に1カ月に2度3度と事故を起こしたという男性がいらっしゃったので、測定しましたところ霊的だったので、タキオン波動シールを使ってみることにしました。案の定、その人は霊障が取れて気分もよくなったと同時に、測定結果も霊障が消え、喜んで帰っていきました。

翌日は、私と娘と孫と3人で岐阜へ行き、友人と合流して金沢の神社へ参拝に行く予定になっていました。

午前4時に起きると、お弁当とお茶を用意し、娘が私の車を運転することになり、出発させたのです。ところが出た早々、道を間違えたり、ガードレールにぶつかりそうになったりして、娘は「この車、保険入っているよね」などと言っています。交差点の赤信号で、いったん停車した後、青に変わったので発進すると、なんと前の車はまだ動いておらず、追突してしまいました。

発進直後だったので、スピードこそ出ていませんでしたが、2台ともかなり損傷し、私の車はラジエーターから水が吹き出す始末です。結局、金沢行きは中止しました。事故については示談が成立したものの、私の車はレッカー車で運んでもらいました。

そして、帰ってから不信に思った私は、娘を測定してみますと、意外な事実が分かりました。前日の波動会場にいらっしゃった事故ばかり起こした男性と同じ測定数字だったのです。娘はその時、同じ部屋にいたのです。これは明らかに、男性に憑いていた霊が娘に憑いたのではないかと思われます。そして今度は前回の二の舞にならないようにほかで塩とタキオンシールを持って除霊させました。3度くらい繰り返してやっと除霊できました。

あの時、他にもたくさんの人がいたのに娘が選ばれてしまったというのも、その男性の波長と娘の波長が似ていたからでしょうか（表19）。

■離婚騒動にまで発展した破魔矢の存在

私は次の日、岐阜会場で波動測定を行うことになっていましたが、車が使えなくなってしまったので、娘が責任を感じて送り迎えをしてくれることになりました。娘の嫁入り先は岐阜ですので、私が測定している間、家へ帰って用事を片付けていました。ところが、娘は、旦那さんと喧嘩になり離婚騒動が巻き起こってしまっていたのです。

【表19】　交通事故を起こす霊に憑かれると…

	事故を起こした男性		娘	
	浄霊前	浄霊後	事故後	浄霊後
日付／測定項目	H16年7月17日	H16年7月17日	H16年7月18日	H16年7月18日
免疫	＋5	＋5	＋10	＋10
血液循環	＋3	＋3	＋10	＋10
動脈硬化	−20	＋5	−20	＋5
第1胸椎	−8	−2	−8	＋8
クモ膜	−8	−2	−8	＋8
第7頸椎	−7	−3	−7	−3
菱脳《りょうのう》	−20	＋5	−20	＋5
三叉神経	−7	−5	−7	＋4
うらみ	−20	＋20	−20	＋20
ヘビ	−20	＋20	−20	＋20
深い悲しみ	−20	＋20	−20	＋20

　私は仕方なく、その晩は娘の家へ泊まることにして娘たちの喧嘩の内容を聞いていました。二人とも興奮しているので、その晩はそのまま眠ることにして、翌朝、原因があるはずだからと思い、二人の髪の毛を切って調べることにしました。すると、二人とも体には別状はありませんが、娘の旦那さんの方の心の中が動物霊に憑かれてマイナスになっています。娘に「この部屋に何かヘンなもの置いていない？」とたずねると、「そうだね、お宮参りの際に買ってもらった破魔矢ならあるけど」と言って持ってきたので、それを調べると動物霊がいっぱい憑いていたのです。
「もしかしたら、原因はこれかもしれない。

【表20】　離婚騒動における波動の測定値

人物／測定項目	旦那		娘		孫	
	返す前	後	返す前	後	返す前	後
感謝･足る事が無	＋ 9	＋14	＋13	＋15	＋20	＋20
無私・自己中心	－20	＋15	＋10	＋14	＋15	＋20
不信・疑惑	－20	＋14	＋10	＋14	＋20	＋20
虚偽・欺き	－20	＋20	＋20	＋20	＋20	＋20
短気・怒る	＋12	＋20	＋12	＋20	＋15	＋20
確信と道徳	＋20	＋20	＋20	＋20	＋15	＋20
柔軟性・統率力	＋20	＋20	＋20	＋20	＋20	＋20
意志	＋20	＋20	＋20	＋20	＋20	＋20
強い自己・臆病	＋20	＋20	＋20	＋20	＋20	＋20
人間性	－20	＋14	＋13	＋15	＋17	＋20

本当なら1歳になった時に（破魔矢は）お返ししなければいけないのに、1歳半を過ぎてもまだお返ししていないのだから。もともと旦那様もそんな人ではないのだし、これさえお返しすれば問題は解決するに違いない」と思い、破魔矢をいただいたという、近くの神社に全員で御礼参りに出かけて行きました。

帰宅してもう一度波動を調べると、旦那さんのマイナスは全部プラスにかわり、娘も孫も数値が上っていました。これで一件落着となりました。その時の測定表は前頁の表20のとおりです。

■主人が胃の激痛で入院（平成16年9月24日）

少しずつ霊の存在が分かってきた時、田中先生に来ていただき神様を入れていただくことになりました。その時同時に、外回りや家の下8カ所にタキオン波動シールやお酒・塩等を埋めて波動を上げていただきました。シール等を埋める前の土の波動はプラス8でしたが、作業が終わった後の波動はプラス99以上に変化していました。

また、私達もロウソク等で浄霊をしていただきました。そのロウソクは八幡宮等で買ってくる5色のロウソクです。5色のロウソクも調べると、いろいろ分かってきました。赤色はヘビ、キツネにプラス20、白色は猫に、緑色は自縛霊にプラス20となり、間違った色でやっても効果がありません。そして、ロウソクもいいなと思い、除霊グッズに加えました。平成16年９月のことです。

交通事故霊が家の中で離れたので、家の中での除霊はまずいと思い、それからは霊が磁石ネックレスに憑いているのか、身体に憑いているのかを調べてから、タキオン波動シール、ロウソク、塩を持って神社へ行き、神様の力を借りて除霊することにしました。

その日も霊障のひどい人を連れて、主人に「今から神社へ行ってくるから」と言って神社へ向かいました。神社ではいつも私と一緒に行動している方が「ネックレスに憑いているときは、ロウソクから落ちてくるしずくをネックレスに落とすといいよ」と言われたことを思い出し、後で大変なことになるとはつゆ知らず、そのようにしてみました。

そして、30分ほどして家に帰ると、案の定、大変なことになっていました。

主人が突然胃の激痛を訴え、近くの医院を訪ねたものの手に負えず、救急車で市民病院に運ばれるところだったのです。

「それは霊障に決まっているのに、なんでお母さんが帰ってくるまで待てなかったの！」

私は、主人と一緒にいた息子を責めましたが、夫はとにかく手がつけられないほどの激痛で、声も出ず動けなかったらしいのです。そこで、私も仕方なく一緒に救急車に乗って病院へ行きました。

神社帰りの私は、タキオン波動シール等、そのまま持ってきたので、救急車の中で他の人に分からないよう、それとなく主人にあててみました。すると何となく落ち着いてきましたが、処置室へ入るとタキオン波動シールをあてることができなくなりました。主人はあまりの激痛で脂汗《あぶら》をかき、ベッドをたたいて、この痛みをとってから検査してほしいと医者に訴えていました。

そんななか、私は医者から出ていくように言われ、外で心配しながら待ちました。超音波検査やレントゲン撮影や血液検査が終わったところで、ようやく私も処置室のベッドへ呼ばれました。そこで、入院になると言われたのです。その処置室でたまたま持っていたカメラで主人のその状態を写真に撮り、次にちょうど持っていたタキオン波動シールを布団に入れて再びシャッターを切りました。

その時はまだ、なぜ主人にそんなことが起きたのか、分からなかったのですが、撮影した2枚の写真から、後にいろいろな事実を解明することになったのです。

まず激痛の時の写真からは、第4、第5胸椎、胃潰瘍、胃癌のほかに、火傷についてもマイナスの数値が出ていることが分かりました。タキオン波動シールを布団に入れた後に撮った2枚目の写真には、火傷が消えて、第4胸椎がマイナスの胃潰瘍疾患の霊だけ憑いていました。

これも後で分かったことですが、主人には10年間くらい、第4胸椎疾患のマイナスの霊が憑いていたようです。第4胸椎疾患の霊は、人間の体に入ると胃潰瘍となって表れることが多いです。そして、初めの写真に、火傷の霊が出たのは、私が神社に行った時、ロウソクの火のしずくを磁石ネックレスにポタポタ落としていたためだということが分かりました。つまり、磁石ネックレスに憑いていた霊があまりの熱さにそこを離れ、主人のところに逃げ込んだのでした。主人を激痛が襲った時刻と、私が磁石ネックレスにロウソクの火を落とした時刻は、当然のことながら一致していました。

10年来、胃潰瘍疾患の霊に憑かれ弱っている胃に、胃癌で火傷を負った怨みの波動の霊が急に入ってきたものだから、主人にとっては、それこそ想像を絶するような痛みだったに違いありません。

次ページの写真を見てもお分かりのとおり、タキオン波動シールを布団に入れた後の主人の表情は、激痛時のものと比べて、少し落ち着きを取り戻しています。表情も、だいぶ

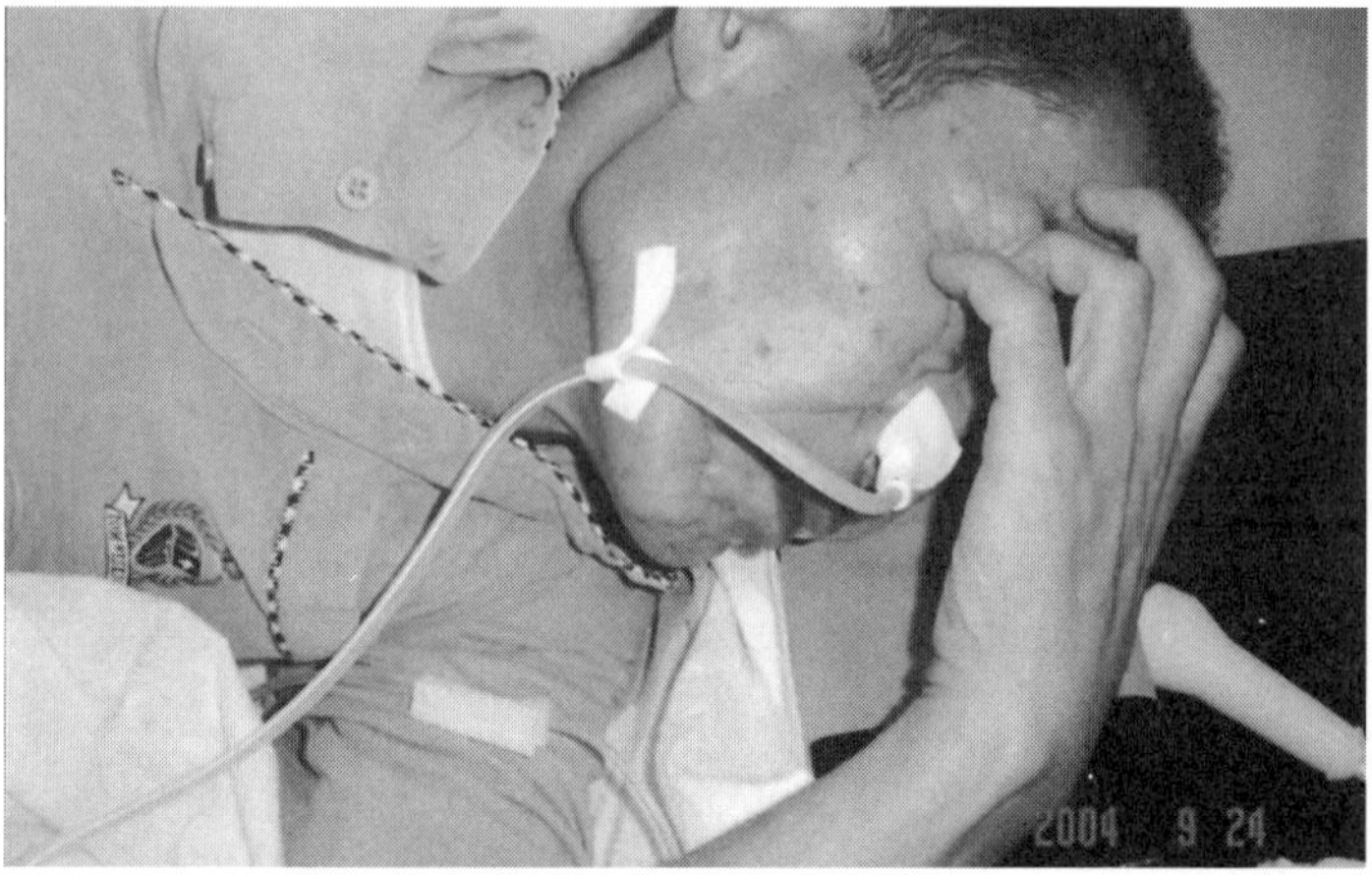

タキオン波動シールを布団に入れる前の主人は激痛状態

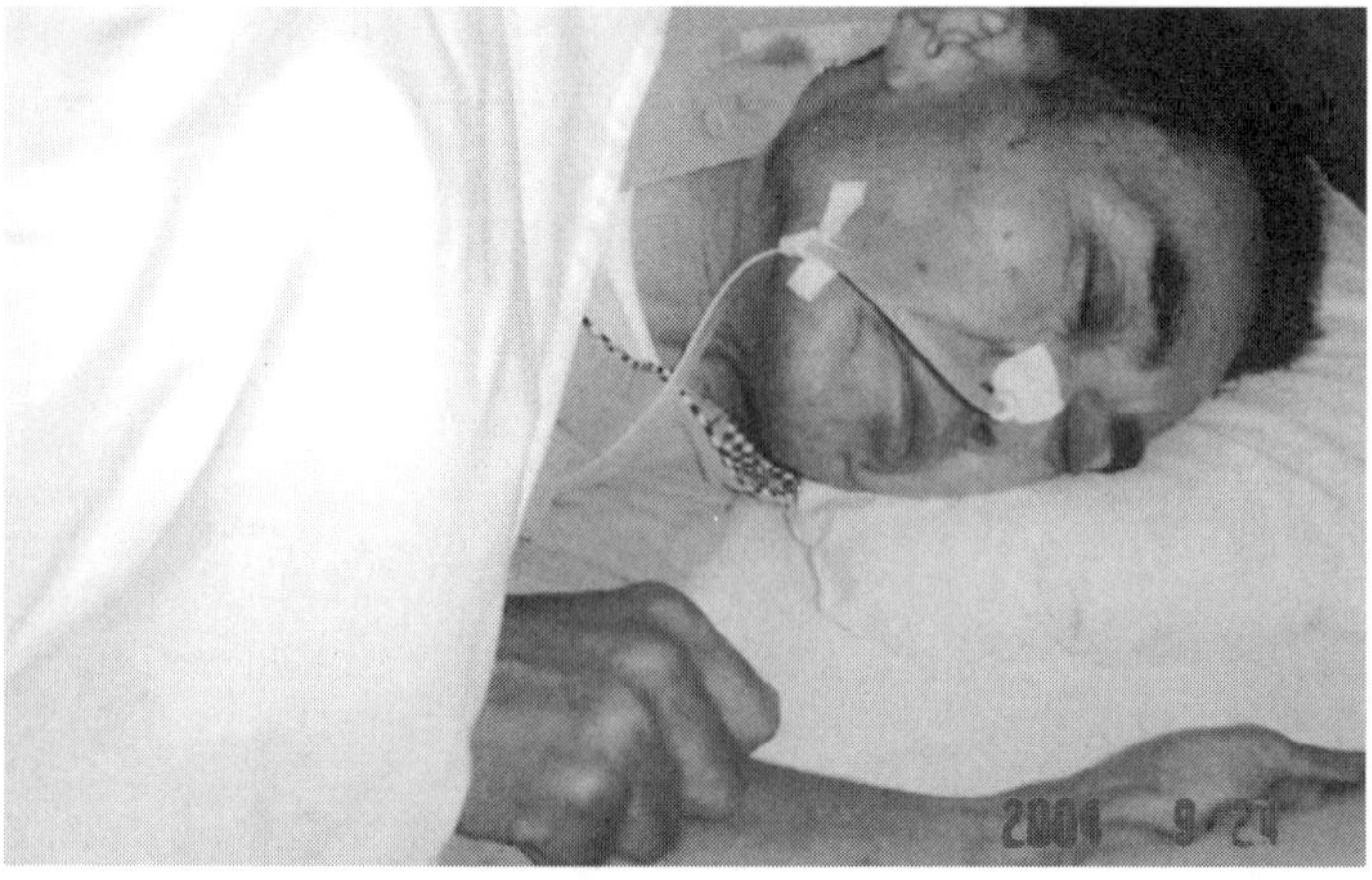

タキオン波動シールを布団に入れた後ではこの表情に

安らかになっています。それは、この時、怨みと火傷と胃癌である動物霊が、主人の体から離れていったからなのです。この時、主人の体にいるのは、胃潰瘍疾患の霊だけとなりました。

■100体もの胃の悪い霊が主人めがけて押し寄せた

レントゲン検査の結果、主人の胃には3カ所も穴が開いていることが分かりました。医者は、出血するといけないから安静にしているように言いました。それでも、私が毎日病院で浄霊していたせいで、すぐにご飯も食べられるようになり、早々に退院することができたのです。ところが、その後の検査で今度は胃癌の疑いがあると言われ、正確を期すために1週間後に再び胃カメラを飲んで検査をしました。

その結果は驚くべきものでした。胃の中に穴はまったく見られなかったばかりか、最初の検査で出されたガン4の判定が、胃潰瘍1の判定に変わっていたのです。それでも、その検査結果が出るまでの間は大変でした。その当時は浄霊するにしても、まだ高い波動の塩もなければ水晶もありませんでしたから、浄霊に成功しても、霊がすぐに戻ってしまったりしたのです。

塩の中に霊を閉じ込め、封印することに成功しても、怨みなどが強い霊は、また塩の中から出ていってしまうというようなことがありました。主人に憑いた火傷の霊も、すぐ塩の中から出てきてしまうので、取りあえず、私が考えた特別の方法で閉じ込めてありました（この方法は、閉じ込めた霊が出てきたときは怒ってしまい、たいへんなことになってしまうので、お話しすることはできません）。

そんなことがあって、しばらくは落ち着いていた主人ですが、また私が前にロウソクのしずくを落として火傷をさせて、うらみの波動をかってしまい、封じ込めてあった霊を、ひょんなことから逃がしてしまい、すぐその晩から再び主人に戻ってきてしまいました。主人は前回同様、激痛に襲われ悲鳴をあげました。すぐに、特別の方法で閉じ込めましたが、その霊が呼んだらしく、取っても取っても、胃の悪い人があとからあとから襲ってきました。私は岡崎市に暮らしていますが、それこそ岡崎市中の胃癌や胃潰瘍の痛みのある霊が主人を、めがけて押し寄せたのではないかと思えるほどでした。そうしたことで、平成17年2月13日から2月19日までの間、私はものすごい勢いで浄霊し続けましたので、近辺では胃の調子がよくなられた方も多かったのではないかと思われるくらいです。

こうして事なきを得た主人ですが、本人としても、それまで心から信じることができずにいた霊の世界を、身を持って体験したことで、考え方をずいぶん変えたようです。主人には辛い思いをさせてしまいましたが、私は今回の騒動によって、いろいろなことを勉強することができました。主人には、心から「ご苦労さま」とねぎらいたい気持ちです。

■水晶パワーと念入り塩

そんなことがあって田中先生よりパワーの強い水晶に出合うことになりました。その水晶を波動機で測定しても測定不可能というくらい、すごく高い波動です。浄霊で苦労している私にはありがたい品でした。水晶は、高波動の塩・水・土に何十日も埋め、満月の夜に月の光にあて、朝日にあて、滝に入れて念を入れてある、というもので、他の水晶と一緒に考えては駄目ということでした。

私が水晶が良いと言いますと、皆さんが（水晶を）持ってきて測定してとお願いされますが、どの水晶も数字が低く霊がいっぱい入っているのが多いです。だから改めて、先生はやっぱりすごいなと感心しております。今までは先生に高波動の塩を教えていただきまして、それを使っておりましたが、それでも怨みの強いのは出ていったりしますので、最近では先生にお願いして、その高波動の塩にもう１度、念を入れてもらっています。

怨みがひどく、波動機の針も勝手に動いてしまうといったポルターガイスト現象を出すような、あばれている霊でも、その念を入れた塩をパラパラとひとつかみかけると静かになり、怨み、痛み、動物波動のマイナスが消えて、プラス波動になってしまいます。これには私もびっくり仰天しました。なぜこんな不思議なことが起こるのか？　先生にたずねると「神様に塩の中に入ってもらっている」とのお言葉でした。

それを聞いてからは、その塩を使うときは「神様ありがとうございます。どうぞ、この方を楽にしてあげて下さい」と言ってふりかけるようにしています。

■浄霊も進化

こうして、浄霊もだんだん楽になってきました。水晶もタキオン波動シールも波動が高いので、今まで塩を持っただけでは離れてくださらなかった御霊さん達も、水晶を身体に身につけた途端、1分で出て来て、手に持っている塩の中に入ってくれます。高波動の塩の中に入ってもらって清まっていただき、後は川に流していただき、三途の川を渡ってもらって、天国に行っていただきます。

私もわずか1年足らずの間に、ずい分勉強させていただき進歩させていただきました。

これもひとえに田中先生のおかげがあったからこそです。以前には、他の霊能者にもお願いし、かえって動物霊をいっぱい呼んでしまって、それらを除去するにも大変苦労しましたし、お金も何十万円も使ってもったいないことをしてしまいました。しかし、こういったことがあって、今の浄霊のありがたさが身に染み、よい勉強をさせていただいたと感謝しております。

■17回目の入院は勝利宣言

次男は現在30歳で、私の自営のプラスチック成型の会社の工場長をしていますが、第3章でも述べましたように、B型肝炎のキャリアです。それも、4歳の時に鼻血が頻繁に出ることにより、感染が確認されたのです。

ひとくちに鼻血といってもさまざまな症状があり、次男の場合は出血が止まりにくくなり、ある晩ついに何時間経っても鼻血が止まらなくなったのです。あまりに鼻血が止まらないので、鼻にきつく栓をしたのですが、そうすると今度は口から血を吐くようになり、あっという間に家中が血の海になってしまいました。

私たちは慌てて次男を病院に連れていったところ、即入院となり、緊急に輸血することになりました。そのとき、医者から宣告された病名は血小板減少紫斑病でした。この病気に効く薬はなく、血を出にくくする薬を飲むくらいの対処療法しかないといわれており、改善の見込みが薄いことから、国の特定疾患にあたり、そのため医療費は無料とのことでした。

そして、さらに私たちを愕然《がくぜん》とさせたのは、B型肝炎という難病にもかかっている事実でした。健常児の肝機能を示すGOTは20くらいですが、次男はなんと850もあったのです。長男を1歳1カ月で亡くし、次男もまた恐ろしい難病を抱えていたとは…。それが分かったときの衝撃と憔悴は、身が震えるほどでした。

しかし、そんなことで負けているわけにはいきません。その日から、私の次男の病気との戦いが始まりました。長男を失った時には気づきませんでしたが、その後いろいろ勉強するうちに、長男は医者の言われた通りの治療を受け、本当に薬漬けになっていたのだ、という事実です。そこで、二度とその轍は踏むまい、次男を薬漬けには決してしないと、私は固く誓ったのです。

その後、次男は気管支喘息になり、さらに鉄欠乏症貧血という病名まで増えましたが、私は病院から処方された薬を、ただの1粒も飲ませることはありませんでした。そして、薬を飲まないで、次男はそれらの四つの難病を一つ一つ克服していったのです。

ところが6年生の時、突然お腹の痛みを訴えたのです。入院したものの原因が分からず、このままでは危ないということで緊急手術となりました。そして、開腹して分かったことは、病状は腹膜炎で破裂寸前だったということでした。この手術のせいで腸の癒着が起き、次男はたびたび腸閉塞を起こすようになりました。次男は腸閉塞を起こすたびに緊急入院し、その回数は16回にものぼりました。

■次男に取り憑いた多くの霊を1日半かけて浄霊

その次男が、平成17年2月、いつもと違ってどこかイラついているような様子で、霊がどうのこうのと私が言うのがうっとうしいと言いはじめました。

「お母さんは、病気は全部霊障だと言うけれど、そんなこととても信じられない。そうじゃない病気だってあるに決まっている」

などと、まるでくってかかるような言い方をするのです。

そのような言い方をするのも、きっと霊のせいに違いないと、波動機を使って調べると案の定、怨みの霊が次男にしっかり憑いていました。それが分かって、ほどなく次男から電話があり、今度は神妙な様子で「お母さん、霊をどうやって取ったらいいの？」と、助けを求めるではありませんか。

私はその時、岐阜にいましたが、仕事も早々に切り上げて、急いで次男のところに駆けつけ、浄霊に取り掛かったのですが、これが実に手強い霊ばかりで、大変でした。腸閉塞の霊はもちろんのこと、怨みの霊や胃癌の霊など、もういっぱいくっついているのです。

私は必死になって、田中先生に教えていただいた方法で霊障を取って取って、取りまくりました。すると次男も落ち着いてきて痛みもおさまるのですが、しばらくするとまた調子が悪くなります。その繰り返しでした。

それは、主人のときとまったく同じで、霊をとるやいなや別の霊がすぐさま取り憑くのです。このとき次男には、胃癌、小腸、結腸、怨み、動物霊など、ほとんどすべての霊が取り憑きました。痛みもマイナス4から5の人と、たくさん来ました。

これ以上は我慢できない、すぐに病院に行くという次男に、

「大丈夫、お母さんが霊を取ってあげるから頑張りなさい。あなたも苦しいけど、霊のほうも苦しんでいらっしゃるのだから、これを機にちゃんと天国に行かせてあげましょうね。あなたはよいことをしているのよ」

と励ましながら、結局1日半かけて、ようやくすべての霊を完全に浄霊することができたのでした。

そして夜の9時、詰まっていた腸の口が開き、水も飲めるようになり便も出て、ようやく次男に笑顔が戻りました。もし、無事に浄霊ができなかったなら、次男はおそらく17回目の入院を余儀なくされていたことでしょう。

そんな次男に、

「ほらね、やっぱり霊障だったでしょう」

と私が言うと、

「うん、95パーセントは霊障だね」

と、素直に頷いてくれました。

しかし、これほど何度も何度も大病を繰り返しながらも、スポーツ万能の次男は、現在では、スキーやハンググライダー等、スポーツに挑戦しては、あちらこちらを飛び回って活躍しています。

第8章

誰でもどこにでも憑く霊の実態

1．子どもだって霊に憑かれる

■孫に憑いた肺炎の霊

孫が遊びに来ていました。少し風邪ぎみだったので早く治してやろうと思い、磁石ネックレスを10本、どさっとつけてやりました。ところがなぜか良くならず、まあ一晩寝れば元気になるだろうと思っていました。

翌朝、孫の様子がおかしいのです。顔は赤く、呼吸が早い。私は長男を1歳1カ月で肺炎で亡くしていますので、いつになくあわててしまいました。

娘に「あなた、遊びに行くなんて、のん気なこと言ってるけど、肺炎かもしれないよ。今から調べるからね」と言って磁石ネックレスの束を取りました。磁石ネックレスをつけていると全部プラスにあがってしまい、正確な数字が出ないからです。

しばらくしてある程度パワーが下がってきたところで測定するのです。そして、5分くらいして測定しようとしたら何だか呼吸が楽になってきています。そこで私は、もしかしたらと思って磁石ネックレスを調べてみました。

すると、その中の１本に肺炎でお亡くなりになった霊がお憑きになっていたことが分かりました。そんな病気の人が憑いている磁石ネックレスを一晩中つけていたため病状がますます悪化したのです。

そしてその原因を取り除くことで急に元気になってしまった孫でした。お祖母ちゃんのせいで、辛い思いをさせてしまい、許してね。

でもこのおかげで、霊に対して無知だった私が、わずか1年足らずで、どんなことでも分かったり、解決できるようになったのです。

■孫に憑いた老人の霊

そんなことがあって後日、娘から電話がありました。孫が夜中に起きて他の部屋でボーッと立っていることが何回もあって気持ち悪いし、話しかけても何も言わずボーッとしているだけでおかしいから今から連れて行くという内容の電話でした。

孫が来たので見ると本当にボーッとしていて何もしゃべらないし、座らせたらそのまま座っているだけでした。多分、老人のたぐいの霊に憑かれただけだろうから、まず、除霊をしました。すると、すぐ表情が変わり元の孫に戻り、一見落着と、相なりました。後で今までのは何だったの？　とみんなで大笑いしました。

■孫に憑いた風邪・インフルエンザの霊

ある晩のことです。また娘から電話があり、孫の鼻水が止まらず鼻が詰まって苦しくて寝ることができない。「今からそっちへ行くからお母さんの力を貸して」とのことでした。

訪ねてきた孫をすぐに測定すると、風邪の人が憑いていることが分かりました。それ以外にも、第3頸椎の鼻炎の霊までいらっしゃいます。

浄霊したのですが、今度はインフルエンザ疾患の霊までやって来て、孫は熱っぽく真っ赤な顔で、いかにも苦しそうです。

風邪の霊は次から次へとたくさん来るらしく、たった今浄霊したのに、もう別の反応があるのです。それも体だけではなく、アップリケやボタン、服の模様や縫い目の線、ファスナーなどにも憑いています。これらは、波動機でしか見つけることができません。

私は、最近は研究を重ねることにより、霊がどこにいるのか比較的たやすく分かるようになっているので、霊を探し出しては、すべて塩の中に入れるというかたちで、浄霊しています。孫についても、そのようにして、つきっきりで10霊体ほども浄霊したので、その日だけで、風邪とインフルエンザ疾患の霊はだいたいおさまりました。

次の日、私は出かけなければならず、孫のことを主人に任せることにしました。

「ちゃんと浄霊してやってよ」

と言いおいて出かけたのですが、帰ってみると孫はまだ鼻水を出しているのです。あれだけ浄霊したにもかかわらず、測定してみると、またしても鼻水の霊が来ていたのです。孫の鼻の下は、（鼻を）かみすぎなのか真っ赤に腫れています。これではさぞ痛いだろうと可哀相に思った私は、主人に向かって、

「いくら鼻をかんであげても、賽《さい》の河原《かわら》なのだから、大本をたたないとダメなのよ。どうして霊を取ってあげなかったの」

と、ついつい責め口調になっていました。

そして、浄霊したところ、効果はすぐに現れて鼻水がおさまりました。早くやってあげていれば、こんなに痛い目に遭わずにすんだのにねと、またしても私は嫌味を言いました。

でも、これは本当なのです。皆が早く処置をすればするほど、本人も周りも苦痛は何十

分の一、何百分の一ですむのです。それを遠回りするから、みんな苦労してしまうのです。そのことが分かれば、あとは実践あるのみです。

結局、孫のインフルエンザ疾患の霊も、3霊体くらい来た時に熱っぽくなりましたが、浄霊したことですぐにおさまり、わずか2日ですっかり元気を取り戻しました。風邪の霊は本当にたくさんいらっしゃいますので、いつまでもグズグズすっきりしないという人の場合、おそらく1霊体や2霊体はまだ残っていらっしゃるということなのでしょう。

■孫に憑いた肥満の霊

さらにもう一つ、私の孫の体験からです。私の孫は最近、保育園に行き出しましたが、ある日、母親である私の娘が、保育園の先生から意外なことを聞いてびっくりしたというのです。それは、孫が昼ご飯の時、誰よりも真っ先にご飯を食べ終わり、ほかの子どもが食べ残した物まで食べまくっているとのことでした。

孫は今まで、ふりかけをかけた味ご飯しか食べられなかったにもかかわらず、保育園では冷たい白いご飯でもパクパク食べているというのです。

孫は一体どうなってしまったのでしょうか？　心配した娘に頼まれて測定してみますと、

肥満の霊と動物霊が憑いていました。そういえば、孫は「ギャーッ」と叫び、うるさくて仕方ありません。どうやら、動物霊はキツネの霊だったようです。

そして、肥満の霊が憑いたことで、孫はいきなりの大食漢になったのですが、浄霊がすむと、すっかり元に戻り、肥満児になることは避けられたようです。

ダイエットしたいのに、どうしても食欲に負けてしまうという人は、肥満の霊が憑いているのかもしれませんよ。

2．どこにでも憑く霊の実態

■霊はあらゆるところに憑く

霊は本当にありとあらゆるところに憑きます。例えば下着の柄や縫い目などにもよく憑きます。洋服のボタンにも憑きます。調べると、その何番目のボタンにいるかが、すぐ分かります。

そのほか、同じ霊でも体から逃げた霊は、それこそいたるところに憑こうとしますので、ベルトのバックルに憑いたり、時計に憑いたり、眼鏡に憑いたりするのです。そのようなところに憑いた霊は、なかなか分かりにくいため、退治することが困難になりがちです。

例えば、こんなことがありました。フィリピンのセブ島でダイビングをしていたAさんは、急に耳の悪い人の霊に取り憑かれました。この霊が憑くと、耳が聞こえにくくなります。帰国後すぐに浄霊しましたが、おかしな霊で、すぐに出ていくのに、5分もするとまた戻ってきてしまうのです。それも、体以外のありとあらゆるところに憑くのです。腕時計に憑くときもあれば、ネクタイピンに憑くときもあり、携帯電話や眼鏡、ベルトなどにも憑きました。

いろいろと調べた結果、この霊の浄霊には、神様の御神水と御神酒がよいことが分かりました。さすが海にいた霊だけあります。どんなに波動の高い塩を使っても浄霊できなくて５分で戻ってきてしまったのが、御神酒に入っていただくと、すぐ戻ってこなかったのです。ところが、１時間半ほど経ってから調べると、お酒の中にいるはずの霊がいなくなっているではありませんか。また戻ってしまったのかとAさんに電話をすると、戻っていないと言います。霊はいったいどこへ行ってしまったのでしょうか。

さらにいろいろと調べて、ようやく分かったことは、Aさんが家に着く前にすでにAさんの家に来ていて玄関で待っていたのです。そこへAさんが帰ってきたので、お帰りなさいとばかりにAさんに憑いて、元の木阿弥《もくあみ》になってしまったのでした。

このようなケースは本当に珍しく、改めて勉強させてもらったわけですが、それ以来、私は霊の性格というものについても、それなりに分かるようになりました。

フィリピンのセブ島といえば、第二次大戦中、特攻隊の突撃地でもあり、多くの若者の生命が奪われた地です。そんな若者の霊がうかばれず、霊界へ行くのを嫌がっているのでしょうか。

■フィリピン・セブ島にもいっぱい…

同じくセブ島での話をしましょう。今度は私自身の体験です。

平成17年正月明け、主人とその仲間たち19名で、セブ島へ遊びに行きました。4日目くらいから、主人の胃にガスがたまり、すっかり体調が悪くなってしまったのです。私たちは波動機こそ持っていきませんでしたが、浄霊の道具は一式持参していましたので、さっそく浄霊し、幸いなことに元気を取り戻すことができました。

ところが滞在予定の1週間が過ぎ、帰国しようという朝になって、メンバーの一人が夜明け前から激しい嘔吐と下痢に襲われ、お腹と腰の激痛のために動けなくなってしまいました。その症状からして、もしかしたら赤痢かもしれず、そうだとしたら新聞沙汰になり、名前を知られてしまうから、誰も近づかないほうがいいというのです。

以前の私たちなら、皆と同じように近づかずにいたかもしれません。しかし、その時の私たちはすでに波動を心得ていて、だいたいの病気の原因を解明できるまでになっていたので、ただ近づかないということですますことはできませんでした。

波動機を持参していなかったので、病気の原因を１００パーセントこれだと断定することはできませんでしたが、その方の病気の原因が90パーセントは霊的なものによることだけは直感できました。

そこで、その方に私たちが持ってきた浄霊グッズをひととおり身につけてもらい、霊的マイナス波動を取り除くようにしました。その間わずか10分足らずではなかったかと思います。

その方はしだいに落ち着きを取り戻すと、これまでの状態を話せるまでに回復し、顔色も戻り、はたから見ても痛みが取れている様子がはっきり分かりました。そしてすぐ、昨夜から何も食べていないのでお腹が空いたと、コーヒーを美味しそうに飲んだのです。空港では、ビスケットを一袋丸ごと食べ、これがさっきまでウンウン唸っていた人かと見間違うほどでした。

こうして無事帰国したものの、あれはいったいなんだったのか気になって仕方がなかった私は、家に着くなりさっそく調べてみることにしました。浄霊に使った塩の中には、取り除いた霊が入っているので、それを調べればよいのです。

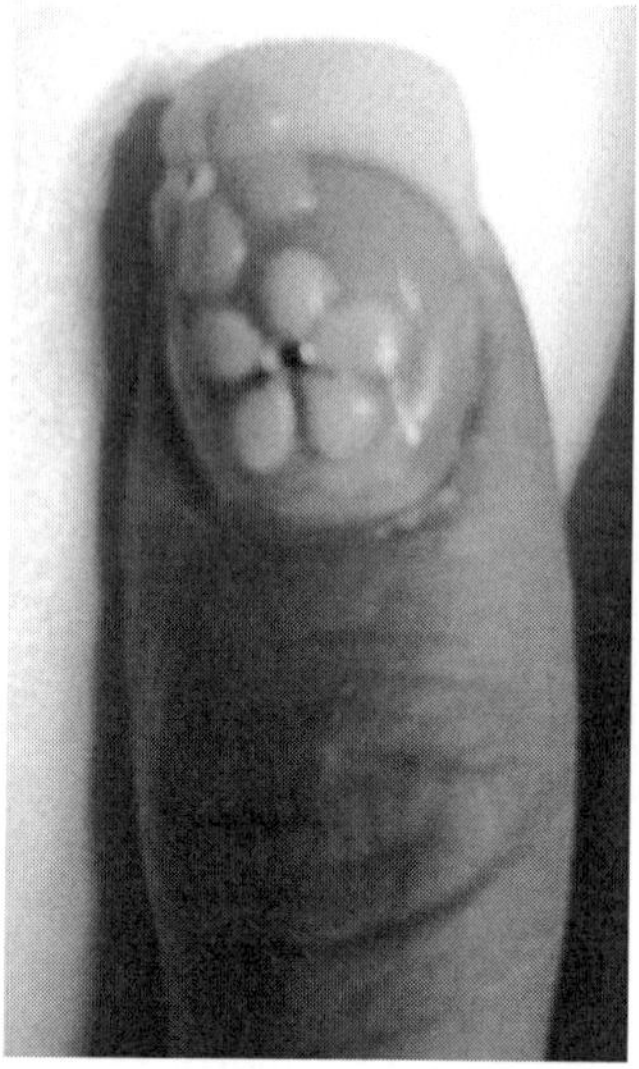

親指の花模様のつけ爪に霊が

調べた結果、塩の中には、大腸赤痢菌のほかに胃癌と子宮癌の少なくとも3霊体のマイナス波動の霊が入っていたのです。そういえば、その方は痛みがあっちこっちに移動したと話していました。それは、大腸、胃、子宮と、3霊体が絡み合っていたからなのでしょう。

ついでに、胃の調子を悪くした主人の方も調べましたところ、こちらは胃癌のマイナス波動の霊だということが分かりました。

そして私自身も、帰りの電車では、どうも胃の調子がおかしいと思いましたので、その晩は水晶やシールを持って寝たのです。すると翌朝、今度は娘が吐き気がするというのです。さらには息子まで、胃の調子が悪いと言い出す始末。どうやらセブ島で私に憑いた霊が、私から娘、娘から息子へと移ったようです。

そこで、息子に憑いてしまった霊を浄霊し、一件落着となりましたが、ずいぶんいろいろな人の中を渡り歩いたものです。それにしても、セブ島には胃が悪くて亡くなられた方が実に多いのだと実感させられました。

また、このときの旅行では、私たちがいない間に娘と息子がわが家で浄霊に奮闘していたことが分かりました。娘も息子も私たちのやり方を常に見ていますので、その方法で試みたとのことですが、霊の方が上をいっていたようです。

留守中、咳が出たという娘は、その後もあまりよくなっていないというので、調べると、第5頸椎の気管支炎のマイナス波動の霊が憑いていました。どこに隠れているのか探すと、なんと娘がつけている親指の花模様のつけ爪にいたのです。これでは娘も探し出せず、浄霊できなかったはずです。私もあきれてしまいました。息子に憑いていた霊も、ベルトのバックルに憑いていました。

本当に、上手に隠れている霊で、私にとっても大変よい勉強になりました。

第9章　霊障実話

★この章では、実際の霊障体験談を中心にご紹介していきます。

■口の開きが悪くなり、手術と言われたが

（Sさん　23歳　女性）

結婚を目前に控えたある日、突然口の開きが悪くなり、食事もままならぬ事態に陥りました。慌てて病院に行き、診てもらうと、目に異常がくるかもしれないが、手術するよりほかに治る道はないと言われました。そこで、仕方なく手術の日取りを決め、入院の準備に取りかかることにしたのです。

翌日、母がその話を勧めている会社でしていると、関係者の奥様に波動を見る方がいるから、一度みてもらってはどうか、それも手術前がいいという話をきいてきました。そこで、母が私の髪の毛を持って、その方を訪ねました。

その髪の毛で測定してもらうと、第４頸椎が悪くて亡くなった方の霊が憑いているとのこと。これは完全な霊的障害なので、浄霊すれば改善するはずだと、その方はおっしゃり、そのうえで、「ただ、娘さんは髪の毛で性格をみたところ不信感や疑念の強い人だから、この話をなかなか信じないかもしれませんよ」ともおっしゃったそうです。

母が浄霊のやり方を教えてもらい帰宅してきました。その時、私の病状はさらに進み、口が開かないばかりか、吐き気や頭痛にも襲われていました。不信感の強い私も、これにはさすがにまいって、

「もうなんでも言うことをきくから、なんとかして」

と、叫ばんばかりでした。そこで、私は母に教えられたとおりに浄霊をしました。するとどうでしょう。さっきまであんなに苦しんでいたのに、すっかり元気になり、鼻歌が出るほどルンルンになってきました。やがて、口も開くようになり、結局、手術はキャンセルしました。あれ以来なんの症状もありません。もしあの時、医者の言われるままに手術をしていたら、取り返しのつかないことになっていたに違いありません。

それを思うと、本当に波動をなさる方とご縁があったことに感謝するばかりです。

（Nさん　27歳　女性）

■ヒステリーの原因は亀のペンダント

ある人のお誘いで、波動会場を訪れた時のことです。波動士の方に、

「あなたは夜、寝つきが悪かったり、ヒステリーになったりすることがありませんか」

と言われました。

なんでも第1頸椎の悪い霊が、私に憑いているそうなのです。そのほか、いろいろ調べた結果、なんと私がしていた亀のペンダントに憑いていたことが分かりました。このペンダントは私のお気に入りで、外出するときなどには、必ずといってよいほどつけていたのです。

その亀のペンダントに霊が憑いていたと指摘された私は、そういえば、と思い当たることがあったのです。私は旅行すると、いつも同行者とケンカをしてしまうのです。ところが、先日の旅行の折は、いっさいケンカもせず、始終和やかに過ごせました。それというのも、そのときの旅行に限って、ペンダントはいつもの亀のペンダントとは別のものでした。

そのほかにも思い当たることがありました。私はときどきヒステリーを起こすのですが、そのときのことを思い出すと、必ず亀のペンダントをつけていました。

それにしても、よりによって私のお気に入りのあの亀のペンダントに諸悪の根源のような霊が憑いていたとは！

■椎間板ヘルニアの手術2回の腰痛も

（Kさん　61歳　男性）

椎間板ヘルニアの持病のある私は、年中「あっ痛い、あっ痛い」が口癖のようになっていました。それを見かねた隣の方が、波動を測定してくださる方がいるから、連れていってあげますよと声をかけてくださり、さっそく訪ねてみたのです。

ヘルニアでは、すでに2度の手術をしています。それなのに、いっこうに改善されずにいたのです。測定の結果、第4腰椎の腰の悪い霊と、花粉症の霊が私の体のどこかに同居しているとのことでした。私は、ネックレスはすでにつけていたので、すぐに浄霊してもらいました。すると、その直後に、あれほど痛かった腰の痛みが、まるで嘘のように消えていったのです。そのほか、花粉症の霊も一緒に出ていってくれたようです。

私は生まれて初めてこんなに不思議な体験をしました。これからも大勢の方を救ってあげていただきたいものと願っております。

■リンパの悪い人に憑かれ、突然、気力・体力がなくなって

（Iさん　62歳　女性）

年はかなりとっているものの、元気だけが自慢で、15年も前から近くの工場で働かせていただいておりました。ところがある日突然、体中がけだるくなり、全身から力が抜けていくような感覚に襲われたのです。微熱もあるようで、やがて仕事に出ることもできなくなりました。もうこれ以上働くのは無理だと思った私は、退職させていただこうと、重い体に鞭《むち》打って会社まで出向きました。すると、そこに奥様が来られて、測定しましょう

【表21】　突然、気力・体力がなくなって

日付／測定項目	H16年5月29日	H16年5月29日 10分後	H16年6月1日 AM	H16年6月1日 PM	H16年6月2日
免疫	+16	+20	+16	+20	+20
血液循環	+17	+20	+16	+20	+20
動脈硬化	+17	+20	+17	+20	+20
子宮内膜腺	−20	+20	−20	+20	+20
卵巣腺	−20	+20	−20	+20	+20
乳腺	−20	+20	−20	+20	+20
リンパ	−20	+20	−20	+20	+20
大腸	−20	+20	−20	+20	+20
うらみ・妄念	−20	+20	−20	+20	+20
深い悲しみ	−20	+20	−20	+20	+20

と言ってくださったのです。そして表21のように、リンパの悪い人が私に憑いているのが分かりました。

しかも、憑いているところがネックレスでしたので、すぐに外すと、急に体が軽くなり、気分もよくなってきました。喜んで帰宅したものの、翌日になると、またしても微熱が出てきて、体がだるくなってきたため、そのまま寝込んでしまったのです。

２日後、奥様は電話で「それは霊が戻ってきただけです。それはあなた自身ではありませんから、私が教えたとおりに御祓いしてごらんなさい」とおっしゃいました。

早く元気になりたい一心で、その晩から毎晩御祓いを続けたところ、すっかりもとの元気を取り戻し、現在また職場に復帰させていただいております。良い環境のなかで、働かせていただき感謝する毎日です。

（Hさん　70歳　女性）

■犬に隠れた痔の悪い霊

痔が悪く、ポリープも何個かある私は長い間トイレが苦痛でならず、ついに手術することに決めました。ただ、病気には霊的なものが関係しているという話が妙にひっかかり、手術前に念のためみてもらっておこうと、測定する方に自宅まで来ていただいたのです。調べていただくと、前日までにとっておくように言われた髪の毛に、第4腰椎の痔の悪い方が憑いていることが分かりました。ところが、今の私自身には憑いていないのです。それでも第4腰椎と痔は、ともにマイナス2という数値でした。それにしても、前日まで憑いていた霊はいったいどこへ消えてしまったのでしょう。

すると、測定してくださる方が、私の飼い犬を見て、「そうだ、犬もみてあげましょう」と、犬を測定したところ、なんと前日まで私に憑いていた霊が、犬に移り憑いていたことが分かり、すぐに浄霊していただきました。

「これでもうポリープもなくなり痔もよくなって、お通じが楽になります」と、その方はおっしゃってくださったのです。霊を見つけてくださり本当にありがとうございました。

（Yさん　57歳　女性）

■リンパ癌の人に憑かれ、半月も出血が続いて

ずっと体の弱かった私でしたが、ネックレスとご縁が出来てからは、ここ何年も普通の方と変わりなく日常生活を送れるようになりました。ところが、とっくに閉経しているに

もかかわらず、あるときからおりものが増え、痔から出血があり、そのうち首のリンパも腫れ、微熱が続くようになりました。

そんな状態が、かれこれ半月も続いたでしょうか。リンパ癌で亡くなった友人を思い出し、症状からみて私もそうかもしれないと不安で仕方なくなりました。いよいよガンセンターに行く決意をしたのですが、でも、その前にもう1度だけ波動を測定してもらってからと、測定会場に足を運んだのです。

見ていただくと、私が思っていたとおり、リンパ癌とのことです。ただし、それは私の体がそうなのではなく、リンパ癌で亡くなられた方の霊が私に憑いているためだと言われました。しかも、霊は私がいつも身につけている母の形見である指輪に憑いていたことが分かりました。

さっそく指輪を外し、浄霊していただいたところ、その場で微熱はおさまり、首のリンパの腫れも引いていったのです。同時に、体が嘘のように軽くなるのを感じました。半月も続いていたおりものも、出血も本当にその日にピタッと止まりました。

私は、霊的なものを以前から信じてはいましたが、身を持って体験したのは初めてです。

本当に、不思議なことはあるのです。「信じるものは救われる」という諺がありますが、私は、その通りだと思うのです。素直になられた方が幸せになりますよと、声を大にしてお伝えしたい気持ちです。

（Hさん　80歳　女性）

■眼鏡にまでに憑いていた

80歳になる私は、最近特に元気がなくなり、情けないことに病院通いの毎日を送っていました。そんな私を見かねた知り合いの方から、一度、波動を測定してもらったらという話をいただき、会場に連れていってもらいました。

調べてもらうとC型肝炎ウイルスがあり、それで疲労がとれないのだろうということでした。ネックレスを紹介され、私は長年働いてきた自分のご褒美にと、その場で注文することにしたのです。

2、3カ月も経つと、私は若い人に負けないほど元気になっている自分を感じましたが、なぜか1カ所だけ、気持ちの悪い部分があるような気がして、どこかすっきりした気持ちになれずにいました。そこで再度、測定会場に連れていっていただき、調べてもらうと、第3頸椎がマイナスになっているとのことでした。身につけているものをすべて測定してくれるというので、順番に調べてもらうと、最後に外した眼鏡に、第3頸椎がマイナスの目の悪い霊が憑いていたのです。

すぐに浄霊してもらうと、気分も軽くなりました。元気になってもどこかすっきりできなかったのは、そのためだったのです。

なんだか勇気をいただいたようで、これからの人生、まだまだ楽しめると思う今日この頃です。ありがとうございました。

（Tさん　54歳　女性）

■整体師が患者さんからもらうもの

ある日、整体のお仕事をされている先生が、お具合があまりよくないとおっしゃるので、波動教室にお連れしました。いつも体の悪い方を診られているため、「お土産をもらっちゃうのだよね」と、先生はおっしゃいます。

ところが先生を調べても、特にどこも悪くないようなのです。次に私を調べてもらうと、驚くことに血糖値、肝臓、腎臓、リウマチにマイナス波動が出ているというのです。

その途端、横にいた先生が、「それは全部僕の悪いところだ！」と、叫ぶではありませんか。ここに来るとき、車に同乗してきましたから、そのときに私に乗り移ったとしか考えられません。さっそく浄霊して事なきを得ましたが、先生については、整体というお仕事柄、具合の悪い人のマイナス波動をもらってしまうと、そのまま居すわられてしまうのではないかとのことでした。

■猫アレルギーがわずか10分で解消

（Oさん　30歳　女性）

私は猫アレルギーで、猫の側にいったり、猫を飼っている家にいったりしただけで、クシャミや鼻水が止まらなくなる、そんな状態がもう10年以上続いていました。そんなある日、久しぶりに母を伴って波動測定に出かけました。

私はすでにネックレスをつけていましたが、ここ何カ月も風邪が治りません。それを測定士の方にお話しすると、そんなはずはないから、ほかに何か原因があるのだろうと言われました。

そして、調べていただくと、風邪の霊が憑いていたことが分かり、すぐその場で浄霊していただきました。すると不思議なことに、その場で鼻水や咳が止まってしまいました。

同時に猫アレルギーもなくなっているはずだということでした。

帰宅後、恐る恐る、近所で猫を2匹飼っている人を訪ね、飼い猫を触り抱っこもしてみました。するとどうでしょう。あんなにひどかったアレルギーが起きてきません。本当に不思議でなりません。

■自殺願望とアルコール依存症の私でしたが

（Rさん　30歳　女性）


私の頭の中は、北陸のとある大きなお寺のことでいっぱいでした。一人でいる時、そのことばかりを考えていると、無性に寂しくなり、死にたくなって手首を切ってしまったのです。

また、私はアルコールといえば、ビールが好きでした。ところがその時の私は、どんな酒でも意識がなくなるまで飲んだくれ、気がつくと朝になっていたのです。目覚めるとそこには、酒の空きビン、睡眠薬・風邪薬等が散乱しておりました。

そんな私のことを心配した母は、知り合いの波動士の方の所に私を連れていきました。測定していただくと、私には、お寺が無性に好きな、寂しさと悲しさがいっぱいで、アルコール依存症の、ある男性の霊が私に憑いていることが分かりました。

そのために、その霊とそっくり同じ状態になってしまったらしいのです。すぐ浄霊していただいたところ、それからは、一人でいても少しも寂しくないし、アルコールもビールをほどほどに、といった毎日です。

何度も何度も手首を切っている私です。もし波動士の方との出会いがなければ、今頃は天国に行っていたかもしれません。本当に幸せな私です。ありがたいご縁をいただき、感謝申し上げます。


（Nさん　52歳　女性）

■ヘビの霊が背中から手を通って抜けた

主人と私とで波動チェックを受けたところ、私にだけ頸椎の悪いヘビらしき霊が憑いていることが分かりました。そう言われれば、最近妙に肩こりがひどいのです。

浄霊が始まって1分後のことです。私の背中あたりで、何かがヌルヌルと動き出すではありませんか。

思わず、「気持ち悪いよぉ」と叫び声をあげました。波動士の方が、「気持ち悪いのなら、

中止しましょうか？」と、おっしゃいましたが、もしそれがヘビなら、早く出ていっても
らいたいと必死で我慢したのです。そのうち、両手でもヌルヌル動き始めています。私は、
「きゃあ、手にもきた」と、またしても叫び声をあげ、必死でこらえました。

どのくらいたったでしょうか。やがて静かになり、動かなくなりました。きちんと浄霊できたかどうか調べていただいた結果、もう大丈夫とのことでした。重かった肩も一気に軽くなっています。ところが帰り道で、今度は何かが首のところにピッと張りついたような感覚に襲われました。翌日、肩の凝りはおさまったものの、なぜか歯茎が腫れて辛くてなりません。これでは眠れないと思った私は、波動士の方に電話でお願いして、再び訪ねたのです。

そして、調べていただくと、第４頸椎の悪い歯に疾患のある方の霊が憑いているとのことでした。また浄霊していただくと、その場で歯茎の腫れが楽になり、痛みもスーッと引きました。

不思議な体験をさせていただいたと同時に、それほど苦しまないで、すぐに楽にしていただき、本当にありがとうございました。

■臭いが戻ってきた

（Kさん　57歳　女性）

私は、かれこれ20年も花粉症に苦しんできました。毎年2月も中旬を過ぎた頃から、クシャミや鼻水、目の痒みや涙などで気分の悪いこと、このうえなしです。病院からいただいた薬で、なんとかやり過ごしてきましたが、薬の副作用なのか、喉がカラカラに乾いてくるのです。

さらに困ったことに、2年ほど前より、臭いがまったく分からなくなってしまったのです。料理をしていても、魚の焼けた臭いも味噌汁の臭いもまったく分かりません。何を食べてもおいしくないのです。嗅覚が失われるのが、これほど辛いこととは思ってもみませんでした。

そんなあるとき、隣人からよい波動士さんがいると紹介され、みていただくことにしました。すると、わずか10分足らずで嗅覚を取り戻すことができました。どうやら花粉症と嗅覚の悪い霊が、私に憑いていたらしく、その霊が無事天国に送り届けられると、そのとたん私にあの懐かしい臭いが戻ったというわけです。

感激いたしました。ありがとうございます。

■花粉症も霊障だった

（Mさん　50歳　女性）

私の花粉症は、20年前の1月から始まりました。風邪かな？　と思い医者へ行き、処方してもらった薬を飲みましたが、いっこうに良くなりません。4月を過ぎて良くなったものの、翌年の1月には、また同じ症状を繰り返しました。鼻水に鼻詰まり、目の痒みに耳の穴の痒み等で、夜も眠れないほどでした。

いったいこれはなんなのだろうと思っていたところ、やがてそれが花粉症であるということが分かりました。それ以来、その時期が来ると、点鼻薬をさしたり、鼻にテープを貼ったり、鼻の穴を機械で広げる治療を受けたり、アレルギー用の薬を飲むなど、それなりの対策をとってきたのです。

ところが私の場合、重症だったのか、そうした対策もあまり効果をみせず、眠気はくるし、喉は乾くし、微熱もあるなど、薬の副作用ばかりが目立ち、鼻だけどこかに捨ててしまいたいと何度思ったことでしょう。それが3年前に磁石ネックレスと出合ったおかげで、花粉の時期が来ても、これまでのような症状で苦しむことは、まったくなくなりました。

そして、喜んでいたのも束の間、磁石ネックレスに出合ってから3年目の2005年2月末あたりから、目の痒みや鼻詰まりなど、また花粉症の症状が表れたのです。2005年のスギ花粉の飛散量は、2004年の30倍などという話も聞きますが、そのせいなのかと思いました。

それでも、いろいろと気がかりで、波動で調べていただいたところ、私がいつもはめている腕時計に、花粉症の霊が憑いていたことが分かりました。すぐに浄霊していただくと、驚くことに、その瞬間、目の痒みも鼻詰まりもすっかり消えてしまったのでした。

日頃、人様の体験談については伺う機会もあり、なるほどと自分なりに理解はしていたつもりですが、それがいざ自分のこととなると、まるで魔法にかかったみたいで、なんとも不思議でなりません。

波動に巡り合い、一生治らないとあきらめていた花粉症が見事になくなり、ある意味で私の人生を大きく変えてくださったことに、感謝、感謝の日々です。

■大切な時には、いつも体調が悪くなっていた娘だが

（Bさん　45歳　女性）

中学3年の娘はいつも大切な時となると、なぜか体調が悪くなるのです。部活動のバレーでも、試合になると突然震えがきて頭が痛くなります。また、体験学習の時はインフルエンザにかかり参加できず、修学旅行の前日にも体調を崩しハラハラさせられたものです。

今年も大事な高校入試を前にして喉が痛くなり、急に咳き込み、耳まで痛くなる始末です。あまりの痛さに大粒の涙をポロポロ流し、私も明日の入試はもう無理かもしれないと思っていました。

その時とっさに、そうだ、私の磁石ネックレスを娘にかけようと思い、首から外すと娘にかけてやりました。浄霊の仕方を習っていたので行ったところ、5分もすると耳の痛みが消え、30分したら喉の方も楽になり、翌日は無事、元気に受験することができました。

これも、私が幸運にも磁石ネックレスに出合い、その良さを十分知っており、さらに浄霊のやり方まで習っていたことが幸いしたのだと強く感じたものです。家族を守ることができたのは、本当に幸せなことです。これからも、家族みんなの健康を、この方法で守っていきたいと決意を新たにいたしました。

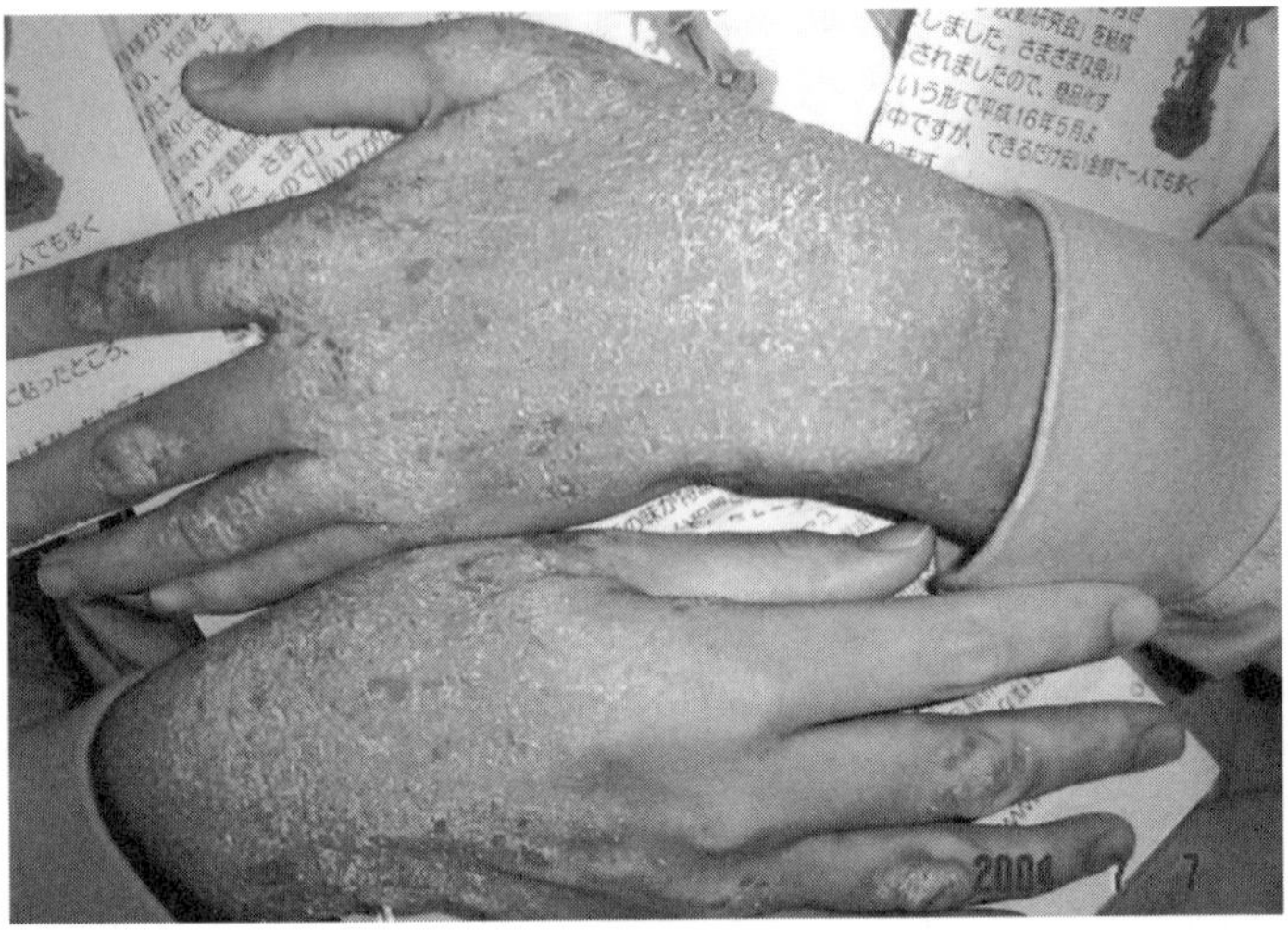

アトピーがひどかった時期

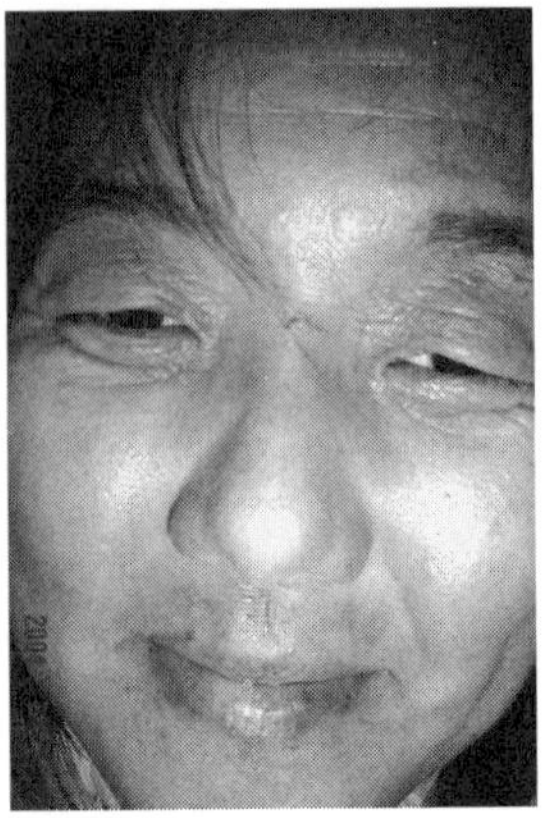

■ヘビの巣がたくさんある所に家を建てアトピーに

（Sさん　40歳　女性）

私は生まれた時からアトピーがありましたが、当時はステロイドが全盛期の頃で、それを繰り返し塗ってきれいになっていました。

思春期を迎え、きれいになりたいため、

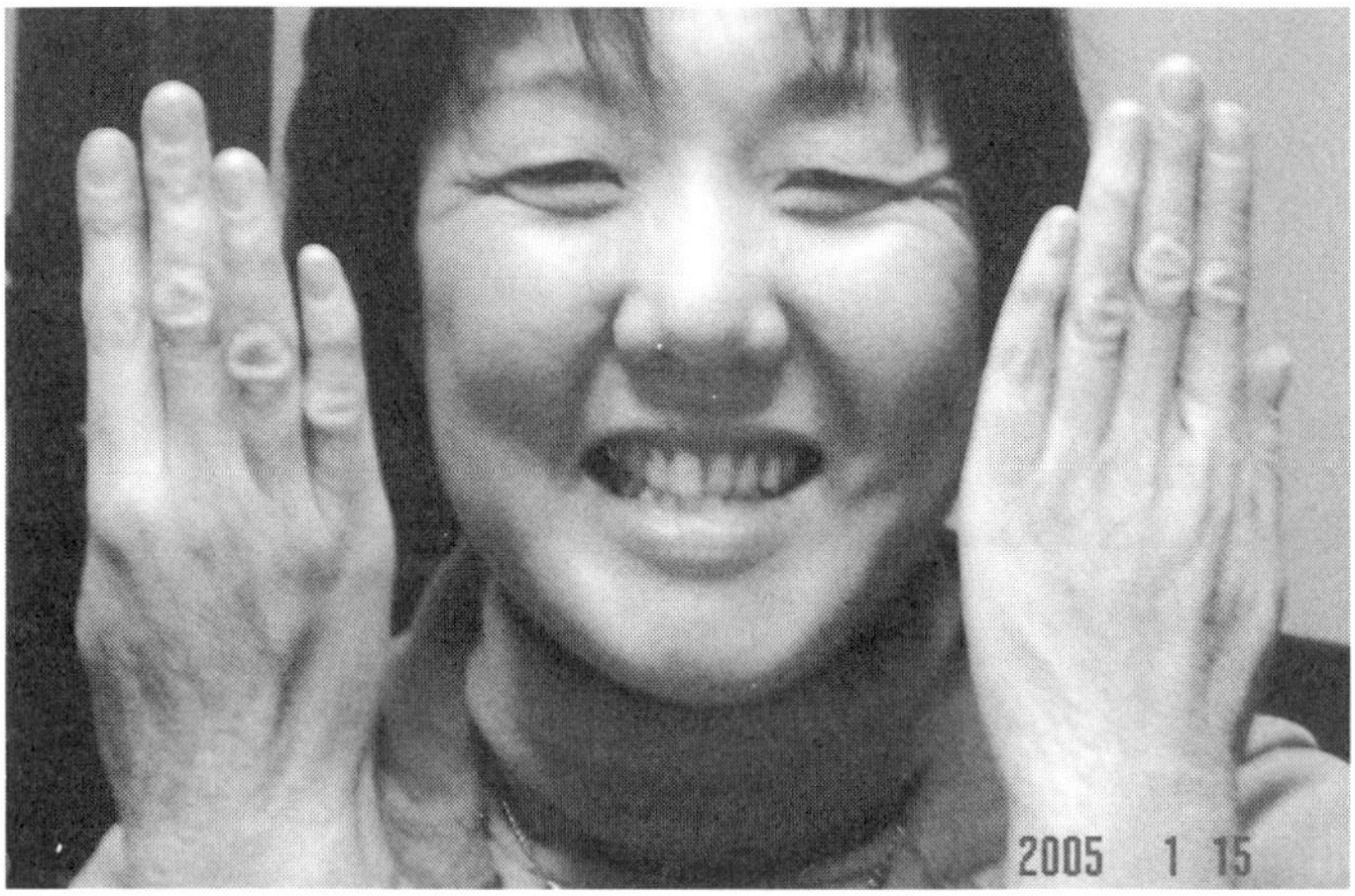

ヘビの霊障がとれてきた、その半年後

ますます一生懸命ステロイドを塗っておりました。三十代になった頃、ステロイドの恐さを知り、それを断ち切ることにしました。辛く苦しいリバウンドを乗り越えて、体の中からステロイドをぬいて、やっときれいになりました。

しかし四十代に入り、出産と家の新築の頃より再発してしまいました。お風呂は毎日、1日3回、朝昼晩入らないと痒くてたまらず、家事も子どもの世話も何もできず、毎日冷暖房の効いた施設に出かけ、体の保養をしていました。にもかかわらず、なんの進展もなく、苦しい毎日を送っていたのです。

そんな時、磁石ネックレスと出合い、体の辛さは不思議とすっかり取れて楽になりました。しかし、皮膚の状態は相変わらず芳しくなく、痒みも強く、そのため傷にもなり、苦しい日々が続いたのです。

そんなある日、波動測定で霊障が分かるようになり、アトピーの原因もはっきりしてきました。どうやらヘビの巣がいっぱいある土地に家を建てたことが原因だったらしく、私の体にも、土地や家にも、そこかしこに、ヘビの反応があったのです。

そこで、毎日毎日浄霊をし続けました。すると、しだいに痒みもとれ、同時に心が休まるようになり、精神的にも落ち着いてきたのです。皮膚も、昔傷つけたあとが多少残っている程度になりました。

本当に原因が分かって、対処の仕方が分かっただけでもありがたいことです。一生この苦しいアトピーと付き合っていかなければならなかったかもしれないと思うと、本当に恐ろしくさえなります。

（Rさん　31歳　女性）

■霊の瞬間移動で行ったり来たり

ある日私は、波動測定をしている場所にいました。興味深い話に耳を傾けている時、急に具合が悪くなりましたが、その症状は岐阜にいる彼の症状とソックリだったのです。私はもしかしてと思い、彼氏に電話すると、彼は「なんか知らんけど、さっきから急に楽になった」と言うのです。

20キロメートルくらい離れた場所にいる彼氏に憑いていた霊が私の方に来てしまったらしいのです。それで私は、彼と同じ脳梗塞の症状になり、彼の苦しみと同じ体験を致しました。しばらくすると、楽になってきたので、再度、彼に電話をすると、また急に苦しくなったと言われました。結局、彼氏に憑いていた霊が行ったり来たりし、こちらが楽になると、彼氏が痛み苦しみ、彼氏が楽になると、こちらが痛み苦しみ、行ったり来たりしていたことが分かりました。

最終的に浄霊することによって両方が楽になりました。

（Yさん　34歳　女性）

■胃癌の霊が離れ食欲が出てきた

私は15年間ずっと食欲がなく、寝ていても胃の裏が重く、苦しい状態に耐え続けてきました。そしてやっと最近、波動に出合ったのです。さらに原因も分かりました。胃癌の霊が憑いていたのでその霊を浄霊していただいたところ、今までの食欲がウソのように一人前以上も食べられるようになるし、また、よくみんなが「これは別腹だから」といってお腹がいっぱいになってからもケーキなどのデザートを食べるのをみて、別腹っていったいどういうこと？　と不思議に思っていた私でしたが、今では私自身、そんなみんなの仲間入りをしています。

私はすぐ霊に憑かれやすく、多少霊感もあり、いろいろと感じてはいましたが、そんなことを言うと人に馬鹿にされるので黙っていました。でも、波動会場では私の気持をよく理解してくださり、それ以上に長年解決できずに苦しんでいた大本を見つけてくださり、楽にしてくださいましたことは、私の一生忘れられない事柄です。

仕事に行って家へ帰ると、もういっぱい霊に憑かれてますので、会場で教えていただいた塩とタキオン波動シールで家で自分で浄霊しています。塩も1カ月4袋も使った程です。でもそのおかげで今は体も軽く楽になっています。

以前は胃の悪い霊の他にも悲しみの霊が憑いていたため、いつも涙が止まりませんでしたが、今では悲しくなくなり涙も出なくなりました。先日は私が一生懸命浄霊してもどうしても難しい霊に憑かれてしまいましたので、波動会場へ行って浄霊してもらうことにしました。その霊は頭がとても痛いのと、私の運転中、目の前やアクセルのところをウロウロして邪魔をしてくるので、私を事故に遭わせたいのかもしれないと思った程です。

波動士の方にお願いして調べていただくと、そのとき身体の中にはいなかったのですが、出たり入ったりしているとのことでした。私の頭が痛くなったり良くなったりするので、そのことが分かるそうなのです。服やアクセサリーに憑いていると、どこにいるのか特定しなければ取り押さえることができないので波動士の方も困っていました。私がファスナーを動かしたところ、頭がズキンと痛くなったので、多分ここにいるといって調べていただくと、やはりファスナーに憑いており、すぐにお縄にすることができました。今ではそんなふうに解決の道に恵まれ幸せいっぱいです。

（Mさん　31歳　女性）

■遠く離れた彼の病気がとんできた

ある日突然、私の腹部に激痛が走りました。緊急入院し、即点滴治療を受けましたが、その後も痛みはひどくなるばかりです。リンパも腫れて痛み出しました。しかも、40度の高熱が続きます。医者からも、「ずいぶん悪くなっているね」と言われ、私はしだいに気力が失せ、まるで死人のように青ざめていきました。

そんな矢先のことです。点滴液の中に女性の上半身の姿が現れるではありませんか。しばらくしてトイレに行き、鏡を見て私はギョッとしました。先ほどの女性が私の背後に映っていたのです。その瞬間、私の今の病気は霊的なものではないかと直感しました。そこですぐに波動の友人に連絡し、来てもらうことにしたのです。

病室を訪ねた友人は、私の目の前で浄霊をしてくれました。すると、どうでしょう。青ざめていた私の顔には赤みが差し、やがて体がぽかぽか温かくなってきたのです。それと同時に熱も下がり始め、あれほど苦しんでいた痛みもうそのように和らいできました。やがて、私は食事も取れるようになり、無事退院することができたのです。

その後、今回のお礼にと波動会場を訪ねた時のことです。交際中の彼から電話があり、体の不調を訴えてきました。前日より嘔吐がひどく、苦しいのか電話の向こうで唸り声を上げています。心配しながらも電話を切りました。その途端、彼がたった今言ったのとそっくり同じ嘔吐が突然、私に込み上げてきたのです。

ちょうど波動会場にいたこともあり、みていただいたところ、彼に憑いていた胃癌の人の霊が私に来てしまったらしいのです。その場で浄霊してもらうと、吐き気はすぐにおさまりました。そして彼に電話をすると、彼のほうでも、あれほどひどかった嘔吐が急に止まったというのです。

1時間後、今度は帰宅してから電話をしてみましたが、彼はお腹が空いたので牛丼を2杯食べても平気だったとのことでした。これまでも、こうした体験をよくしてきた私でしたが、今回のことも実に不思議な出来事です。でも、これは本当に現実の世界で起きていることなのです。

★さて、ここからは、私のまわりに起こったことを述べていきます。まずは、わが家の猫たちの体験から。

■発信器はムサシにとってストレス？

小太郎が行方不明になり、なんの消息もないまま1年が過ぎていきました。猫もまた子どもと同じで、帰って来ないと心配で仕方のないものです。最近のムサシも帰って来ないことを繰り返したため、前述しましたように、発信器をつけることにしました。これをつけていれば、パソコン上でおおよその居場所を確認できるからです。ところが、発信器をつけてからというもの、なんだかムサシは元気がありません。そこで調べてみますと、ムサシにいろいろな霊が憑いていることが分かりました。

その日も外に遊びに出ることもなく、ぐったりとして寝ているので、毛を取って調べてみると、腎臓の悪い霊が憑いていました。そこで、すぐに浄霊したところ、ムサシはたちまち元気になり、外に飛び出していきました。猫であっても浄霊は有効なのです。

元気に飛び出していったムサシですが、帰ってきてからは心臓がひどく早く脈打ち、呼吸もゼイゼイと苦しそうなのです。なぜなのだろうと、また毛を抜いて波動機で調べたところ、肺と風邪を患った人の霊が憑いていました。猫の霊が人に憑くこともあれば、人の霊が猫に憑くこともあるということです。そこで、これも浄霊をしたところムサシはたちまち元気になったのですが、しばらくするとまた落ち込みました。また何かの霊が憑いたのかと調べたところ、案の定、肝臓と糖尿の霊が憑いていました。ムサシはまったくよく霊に憑かれる猫です。

なぜ、ムサシはそうなのだろうと考えているうちに、迷子にならないためにつけた発信器のピカピカ光る電気が、まるでロウソクの灯のように見えて、浮遊している霊が灯をめがけて寄ってくるのかもしれないとひらめきました。そこで、ムサシの体から発信器を外すことにしたのです。しかしそうすると、俄然心配になってくるのがムサシの放浪癖です。そこで、すぐに去勢手術を受けさせることにしました。私の中では常に、今だに帰ってこない小太郎の二の舞いだけにはなってほしくないとの思いがあったからです。

手術を受ける日のムサシは、病院に向かう車の中で鳴いてばかりいました。よほど不安だったのでしょう。その時の恐怖はマイナス4にもなっていました。ちなみに、精巣・睾丸とも手術前はプラス20あったのですが、手術後はマイナス20のオカマになってしまいました。その日、ホルモンバランスもマイナス10まで落ち込みましたが、強力パワーの水晶とネックレスで、なんとかプラス3まで回復させました。

人間の都合で、可哀相なことをしてしまい、「ごめんね、ムサシ」と謝っています。

■胃癌の霊に憑かれ、ゲーゲー吐いている猫

ある日、サスケが家中ゲーゲー吐き続けていました。食欲もまったくありません。もともと猫という生き物は、毛玉を吐く習性はあるのですが、普通は吐いてもケロリとしているのに、この日ばかりはいつもと様子が違い、ただごとではないようなのです。調べてみると、なんと胃癌の霊が憑いているではありませんか。すぐに浄霊したところ、さっそく

ご飯をガツガツ食べはじめました。

　ある日、ムサシが夜遊びをして、明け方の3時半に帰ってきたのですが、田圃《たんぼ》でも遊んできたのか泥だらけでした。夜に出歩くと、たくさんの霊に憑かれることが多く、念のため泥のついた毛を取っておき、その後きれいに洗ってからの毛も取っておきました。

　そして私は、ひと寝入りして朝起きると尿がいつものように出ずに、残尿感もあります。耳もボーッとしています。もしかしてと思い、明け方に取っておいた泥のついたムサシの毛を調べてみますと、キツネの霊が憑いていました。いっぽう、汚れを落とした毛からは何も見つかりません。

　どうやら、ムサシを洗っているときに、キツネの霊は私に乗り移ったようです。そこで、丁寧に浄霊すると、尿もいつものように出るようになり、残尿感も耳の違和感もなくなりました。

★続いては、愛娘の手記です。

■生まれてはじめての激痛

「8月のある日、昼頃からお腹が痛くなり、食事もとることができなかった。痛みがどんどん増してきて、熱は39度くらいになってくるし、夕方には一歩も動けないほどの激痛になってしまいました。

　この分だと、救急車呼ぶか明日は病院だろうと考えながら、取りあえず母に電話しました。1歳半の娘がいるけど、世話もできずにパンを食べさせていました。母に熱が出てきたこと、下腹が痛いことなどを告げると、どこか出掛けたか聞かれ、朝お墓の横を通ったことを話したら、病状から考えると、多分リンパ癌の人に憑かれただろうから、とにかくいつも教えているやり方ですぐ自分で浄霊しなさい、と言われました。そして仕事が終わり次第来てくれるとのことでした。

　そこで母にもらったグッズで教えられた通りに行いました。すると、なぜかだんだん痛みが取れ熱も下がってきて、4時間後に母が来てくれた時はもうほとんど普通になっていました。食事も昼から何も食べていませんでしたが、母と一緒に食べることができました。ただリンパだけはさわると痛みだけはありました。

　次の日の朝、リンパの痛みも消えて、平常通りの身体になりました。母がこんな勉強をしていなかったら今頃病院のベッドで激痛と戦いながら、検査、検査の日々だったろうにと思うと本当に幸せな私です。

お母さん本当にいろいろありがとう！　いつも当たり前になってしまい、感謝の気持ちが足りない娘で御免なさい！」

★最後に私の体験を。

■1霊体が17霊体に分離してしまった不思議な体

ある晩、耳が痛くて眠れず、夜中に起きて測定したところ、寝る前にも塩の中に入ってもらった霊と同じ人だということが分かりました。身体だけでなくパジャマにも憑いていて、夕方からのを数えると全部で7霊体でした。それが不思議なことにすべて同じ人なのです。

第2胸椎……－4
脳梗塞……－4
第3頸椎……－7
耳小骨……－7

いたみ……－４
うずき……－13
うらみ……－５
ヘビ……－20
男性……＋20

と同じ所、同じ数字、同じ心の中、同じ動物霊とすべて一致します。

どうしてなの？　寒けがしてきました。うらみ波動が強く波動器の針が勝手に動いてしまうほどの異常現象です。それでとっておきのすごいパワーの塩で静かになっていただこうと思ってふりかけました。普通ならそれでうらみ波動も痛みも動物波動もすべてプラス20に変わるはずですが、この霊たちの怒りはいっこうに消えずマイナスのままでした。

仕方ないので、取りあえずタキオン波動シールの観音様と竜神様の写真の上に一晩載《の》させていただき、怒りを消していただくことにしてベッドへ行きました。まだすっきりはしていませんでしたが、水晶、タキオン波動シール、塩などを持って何とか眠ることができました。

朝また測定すると、両手の塩の中、パジャマと、３霊体同じ霊が入っていました。そして昨日の7霊体の霊も神様にお願いしておいたにもかかわらず、まだまだうらみ波動が強くマイナスのままでした。

私はここに及んで、やっと原因らしきものを頭の中に思い浮かべることができました。霊の存在が分かってきたばかりのまだ良い浄霊塩もなかった頃、この耳の霊がよくきたので、私も腹が立ち頭にきてしまってペットボトルの中へ水とその霊を一緒に入れていい加減にしろ！　と罵声をあげて振り回してたたきつけたりと、それはひどいことをしたのです。その時はそんなことをしたらどうなるのか何も分かりません。分からないから平気でそんなことができたのだと思います。しかし今、ここにきてやっと、原因が分かったような気がしました。

主人の胃の火傷といい、今回のことといい、霊体はまさしく私達の周りに生きていて影響を及ぼしていること、私たちの心を読んでいるということがまざまざと波動器を通して学べました。私の行った軽そつな仕打ちで、1個の霊体がバラバラになってしまい、霊体は同じ人なので、同じ波動のがいくつもいくつも出てきたのではないでしょうか。

私はそんなことを悟らしていただき、御霊様に私の行った行為に対し、申し訳なかったこと、痛くて辛い思いをさせてしまったこと、涙が出てくる程、真剣にお詫びさせていただき、観音様に一つの霊体に戻り、痛みが消えるよう天国に行けますようにお願いさせていただきました。そして波動の高い、高次元の塩をふりかけさせていただくと、今度は以前とは違い、うらみ・痛み・動物波動がたちまちプラス波動に変わってくださいました。

私が分かっているだけで、次の日の昼にまた2霊体、夜また1霊体増えて全部で13霊体の霊が来ました。すべて一緒になれるよう、観音様の写真の上に載せて観音様にお願いしておりました。

その日午前中に川に流しに行くつもりでおりましたら、また3霊体が来てくださり、行く寸前になってまた1霊体来てくださり、全部で最低17霊体、ティッシュの塩の中に入っていただき、高波動の塩をかけさせていただくと私がお詫びしてからは、うらみも痛みもすべてすぐプラス波動にかわり、まとめて一緒にさせていただきました。この方達のうらみ波動が消えない限り、私は一生、耳の疾患で苦しまなくてはならなかったのに、私が心からお詫びをさせていただいたことで、あんなにひどいことをしたにもかかわらず、お許しいただけましたこと、本当にありがたく、感謝の気持ちでいっぱいです。

世の中、苦しみがあるということは自分の気が付かないところで迷惑や苦しみを与えていたかもしれませんね。私は今回のことで本当によく分からせていただくことができました。誠の心と感謝の気持が、本当に大切ということを切に切に勉強させていただきました。私はこの体験を通して、こわいと思っていた霊も、いつくしみの心に変わり、辛くて、苦しくて、何か言いたくてこの世に残っている御霊さん達に、愛を持って接し、天国に送ってあげなくてはいけないと悟らしていただきました。

波動会場でも〝ありがとう〟の言葉はありますが、中味がない方が多いような気がします。こういう涙が出るほどの感謝の気持がフツフツとわいてきた時は、御霊さんも悟られるような気がしてなりません。でなければ憑いても憑いても、戻ってきたり、他の同じような波動の人を呼んでしまうのではないのでしょうか……。

お心当たりのある方は、もう1度真剣な思いを持って感謝をささげてみてください。

家族に、周りの人に、地球に、神様に。

■骨折の霊がレントゲン写真に写っていた!!

平成17年5月5日午前1時、こんな時間になっても戻ってこない猫のムサシ君を捜しに出かけ、私は帰った直後から右手の痛みを感じ、浄霊をしてそのまま寝ました。次の日の朝もまだ痛いので測定してみたところ、骨折・手首・うらみ等の霊障でした。いつもなら

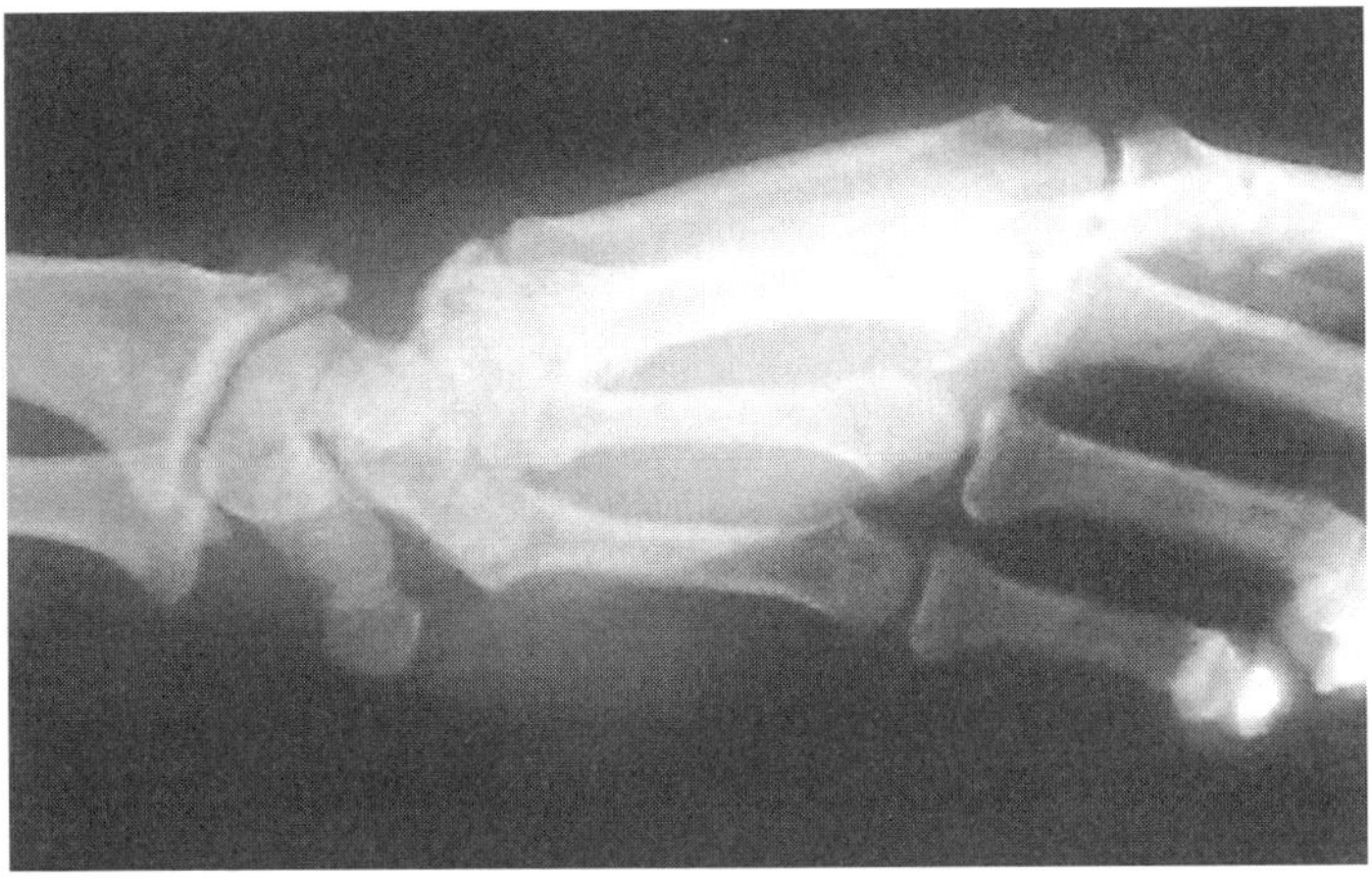

５月６日のレントゲン写真。指の部分に霊が！

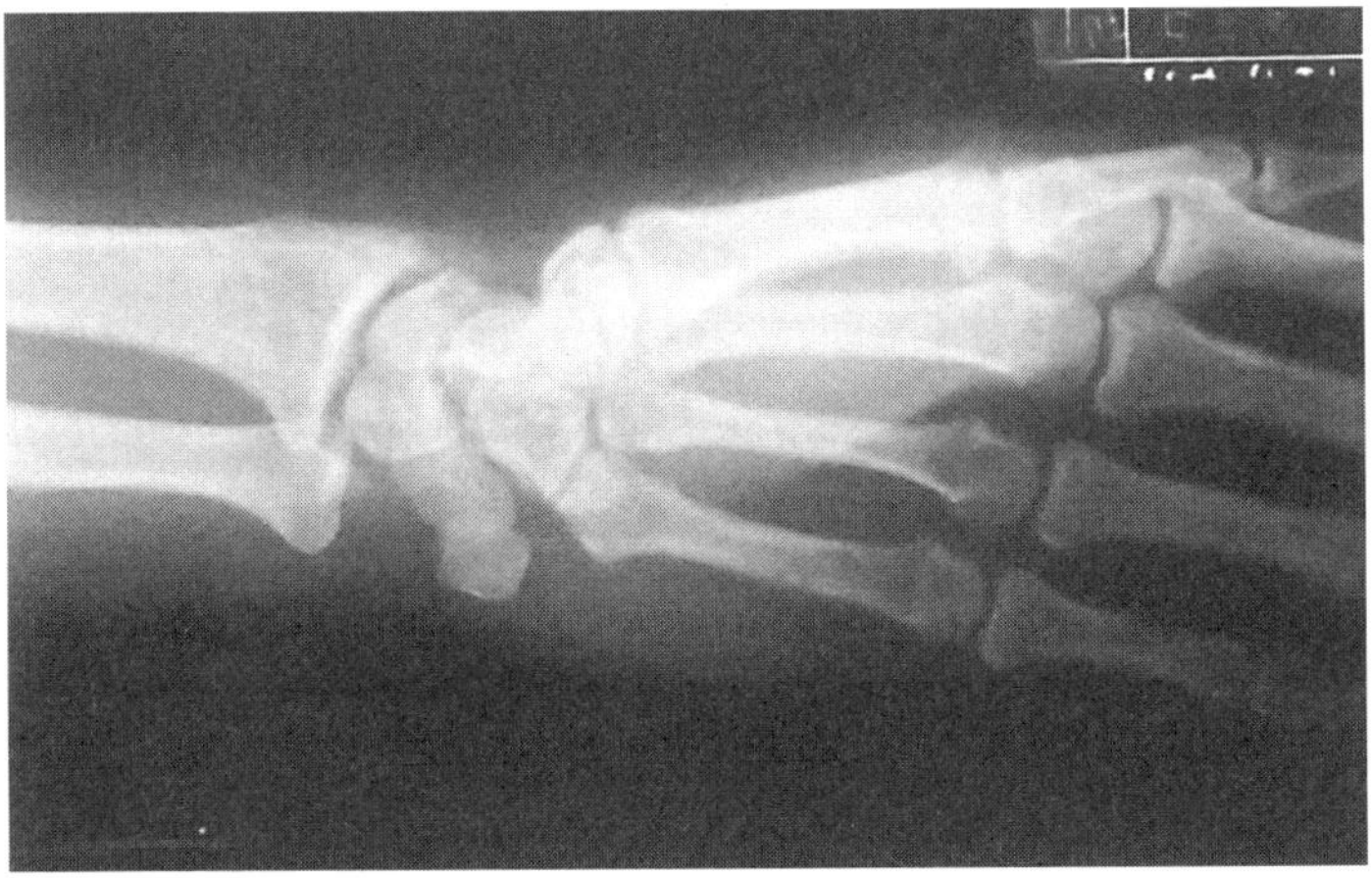

５月13日のレントゲン写真。霊は消えています

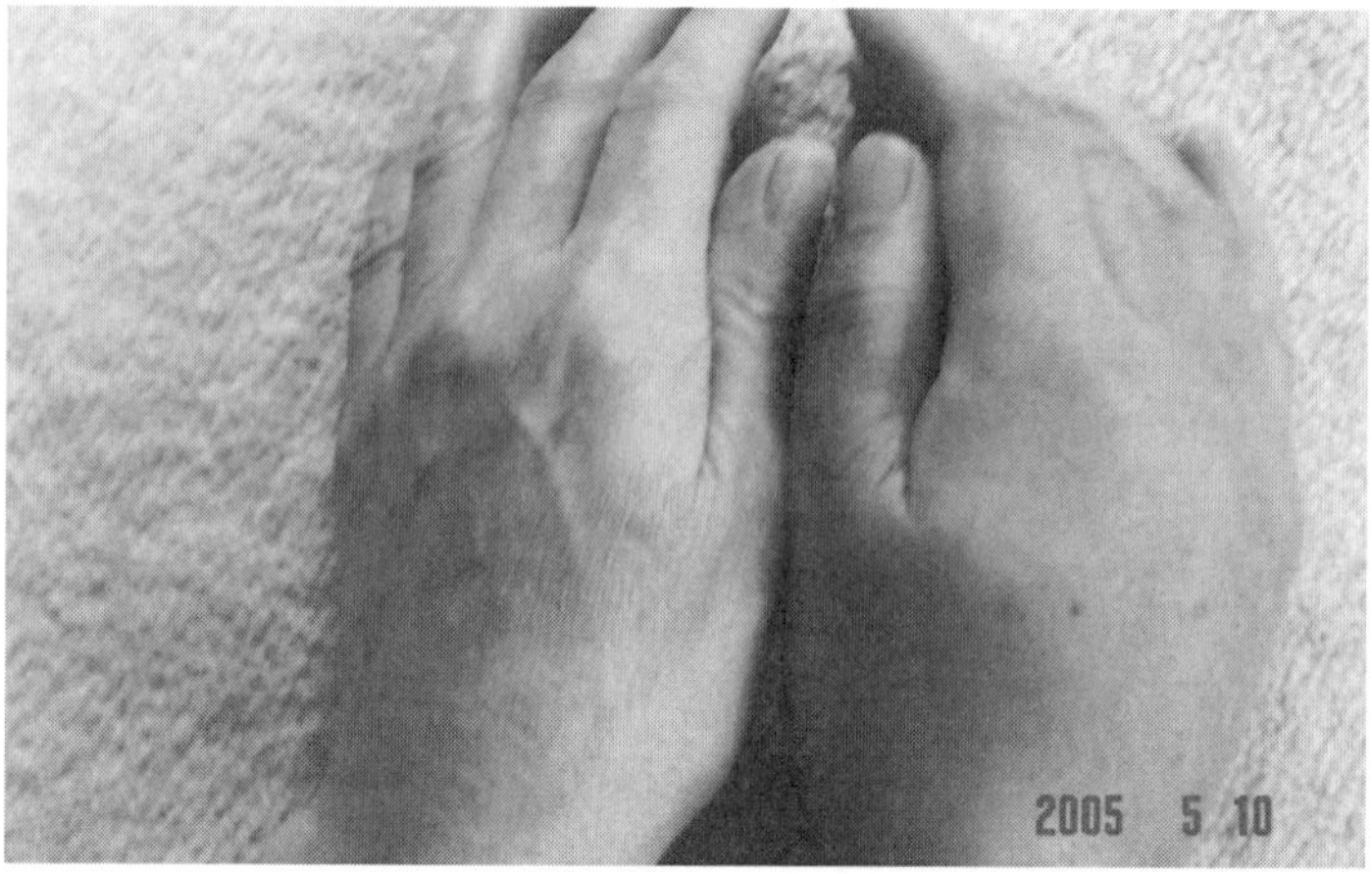

骨折の痛みでピンク色に腫れ上がった右手

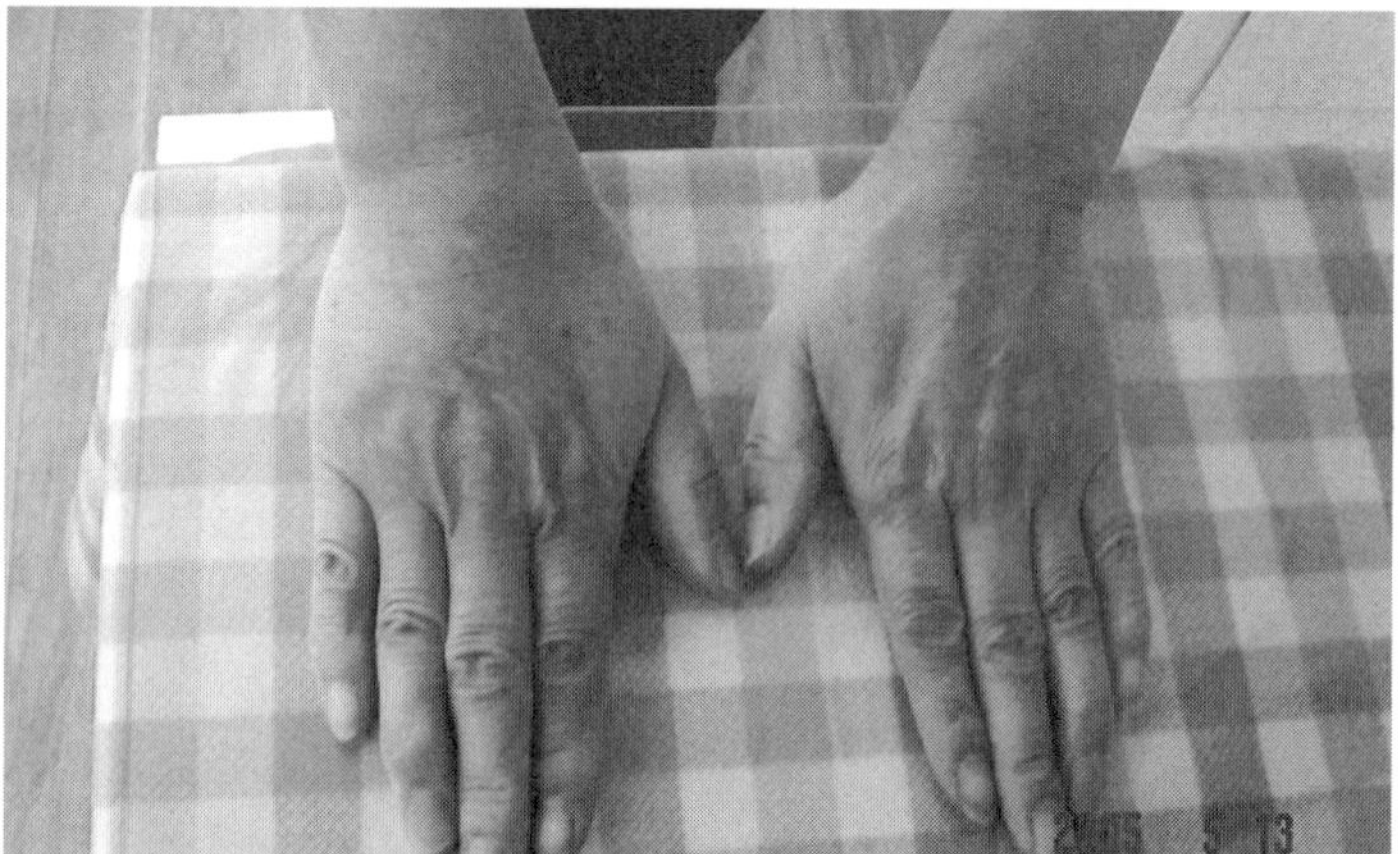

3日後、元通りに！

浄霊してOKなので、のん気に片付けなどをしていましたら、なぜか腫れはひかず、痛みもすっきりしません。波動機も使用できなくなってきました。それで次の日も次の日も友人の波動士の方に家へ来ていただき、測定していただきました。

最初の霊よりすごい骨折・じん帯・痛み・うらみ・サタン・動物霊等、すべてマイナス20と今までにない強烈な御霊さん達です。これでは痛くて手が動かないはずです。このすごい御霊様達は、次男や主人に来た時と同様、ものすごい人数で私のもとにやってきました。5月5日18霊体、5月6日16霊体、5月7日13霊体プラス大勢と、そこまでは友人の波動士の方に測定していただいておりましたが、その後、測定することができませんでしたが、浄霊だけはやり続け、5月5日〜5月15日までに１００霊体以上は浄霊させていただいたと思います。

1週間後の5月11日頃より腫れも引いてきて手も動かせるようになり、5月14日には波動機を使用できるまで回復させていただきました。その間、5月6日には整形外科へ行き検査していただいたところ、「粉砕骨折のようだが何かしたのではないか?」と何度も聞かれ「これは大きい病院でみてもらった方がいいかもしれない」と言われたのです。腫れも引いた1週間後再びその整形外科へ行きレントゲンをとっていただきました。5月6日と5月13日の分を並べてみせていただいたので、写真をとりました。

そして分かったことは5月6日のレントゲン写真には、指のところに霊が写っていたのです。ここを波動機で測定すると、この時の霊は骨折・カルシウム沈着がいずれもマイナス20、うらみマイナス8、サタンマイナス6、女性の霊体ということが分かりました。5月10日には市民病院にも検査に行きました。先生は、カルシウム沈着で腫れて痛いということでした。病院でも波動機同様、骨折・カルシウム沈着という答は同じでした。

私にとってマイナス20という、生まれて初めてのものすごい痛みとの戦いの3日間と、右手が全く使用できなかった1週間を自分の身体で体験させていただいた訳です。毎日痛みがないありがたさ、箸が使える、字が書けるありがたさを、身に染みて実感させていただきました。今後の活動のため、私の心構えを身体を通して教えていただいたのではないかと思います。短期間でこれだけすごいことを体得し、また完全に元の右手に戻していただき、感謝・感激でいっぱいです。

第10章

私の浄霊方法

■浄霊3点セット（ネックレス・お塩・タキオン波動シールまたは水晶）

①ネックレス………念入り塩の中に入れる（埋まるくらい）
（指輪・時計・眼鏡等）

②お塩（念入り塩）……大さじ1杯弱の塩をティッシュ（2枚）に包み、各々の手の中で握る

③タキオン波動シール……第7頸椎と丹田にあてる
（水晶）　（霊に、体から離れていただくために使う。多ければ多いほど力がある）

この①、②、③の作業を5分くらいしていると、物に憑いていた霊は、物を入れた塩の中に入り、体に憑いていた霊は、手の中の塩の中に入っていきます。そのため、その場で体が軽くなり、症状がなくなれば大成功です（長い間同居していたならば、残骸がありますので少しずつよくなっていきます）。

塩はティッシュを除いて塩だけ、川か海へ流してください。ティッシュは、燃やして川に流すのもよいのですが、危ないので、よく払って持ち帰ってゴミにしてください。

また、手の中に入ってもらう時、川に流す時、御霊さんに、

「あなたも長い間、大変辛く痛い思いをされましたね。本当にご苦労様でした。今日からは塩の中で浄化していただき、三途の川を渡り、お迎えの方に導かれ、天国の方へ行ってくださいね」

と、ねぎらいの言葉をかけてあげてください。

ティッシュの中に入った霊を調べていると、恨みの数字の悪い人ほど大暴れして、波動機も使用できないほどになることがありましたが、こういった言葉をかけるとけっこうおとなしくなります。やはり、どんなに悪質だった方でも、愛を込めれば伝わるということでしょうか？

最近、霊能者の田中先生のお力で、私の元にたいへん力の強い塩が手に入りました。霊的に強い塩でないと、塩の中に入ってきても、また出ていってしまうことがあります。その塩を浄霊したティッシュの中の、恨み波動の強い霊の塩の中にパラパラとひとつかみ落とすと、たちまち静になりマイナス波動だった人間性も、恨みも、動物波動も、心の中もマイナスが消えて、すべてプラスに変わることが分かりました。

しかし、霊の病的に悪かったところは、マイナス波動のまま残っています。変わるのは、

精神面だけプラスに変わるのです。本当に不思議なことです。結局、波動の高い塩（高次元の神様と同じ波動数字）なので、神の力で本来の人間に戻れたのでしょうか？

この実験を見ていた人たちは、「不思議、不思議。本当に目に見えない世界があるのだね」と、その実態を目の当たりにして感動にひたりきりでした。

■浄霊しても、その人その人で違う

現代の世の中は昔と違い、神も仏もないがしろにしています。そんなことで、亡くなっても死後の世界がないと考えている方が多く、あの世へ行っていないのか、本当にたくさんの霊がウヨウヨしていて、だんだん増えてきています。

そんな霊に憑かれますと、亡くなった方と同じ波動が来て、その憑かれた霊と同じ苦しみが伝わってきます。ものすごい痛みで亡くなった方の霊に取り憑かれれば、同じようにものすごく痛くなるし、癌で亡くなった方の霊に憑かれれば、癌の症状になってしまいます。ということは、症状の軽い方の霊に取り憑かれたときには、症状も軽くてすむということです。

現在、仕事もできないほど苦しい方は、１００霊体くらい憑いていらっしゃるかもしれません。お仕事に行かれている方で、「そういえば、腰や膝や頭の痛いときがあるねえ」という程度の方の場合は、そんなにきつい霊は憑いていないので、簡単な浄霊を1、2回行うくらいで、霊障現象はその場で解消されます。

霊がたくさん押し寄せているときは、生命が危ないくらいたいへんなときもあるので、3日くらい連続して浄霊し続けることが大切です。同じような波動の人、例えば胃の弱い人には胃の悪い人が、歯の悪い人には歯の悪い人が、押し寄せてきます。風邪のときには風邪・インフルエンザ・喉頭・気管支・鼻の人と関連した人が、いっぱいやって来ます。

また、悪い心を持っていると、同じような波動の人を引き寄せます。つねに疲れを取り、体も心も健全に保っているのが、霊を寄せつけないコツといえるのではないでしょうか。他には、前世からの、あるいは先祖からの因縁もあると思いますが…。

また、優しい心を持っていて、霊にたよられる、ということもあるでしょう。いずれにせよ、簡単浄霊法で、天国に送ってあげてください。貴方《あなた》に縁があった御霊様ですので。そして、最近特に分かってきたことですが、1霊体が何十霊体にも分離してしまっているケースが多いので、毎日、何回も何回も続けて浄霊し続けることが、解決の早道です。

■家族や友だち・仲間・ご先祖様を思いやることが大切

病気や苦労は、本人や周りを気づかせるための神様からのメッセージだとしたら、こんなに簡単に浄霊して、感謝の思いもなく元気になってしまったらという思いも私の心の中にあります。自分が病気になったり、精神面で苦労されたり、経済的に苦しいというのも原因があるはずです。

そのことをよく考え、反省し、心改めていってほしいものです。私もいろいろあったとき、自分の前世、また今世のこと、人のせいにしないで自分が悪かったことなどを反省し、神様に心の底からお詫びさせていただいたことがありました。

すると悲しくもないのに、自分の涙でもない涙がとどめなくあふれてきて、自分で誰が泣いているの？　と不思議に思ったことがありました。今考えれば、※憑依霊《ひょういれい》が思い当たることがあって、泣かれたのではないかと思いました。

そんなふうに、自分が悟れば、憑いておられる方も悟ってくださり、離れてくださいます。宗教で自分を磨いたら病気がよくなったという話は、そのことではないだろうかと思われます。

お塩の浄霊で、簡単に、楽に、元気になることも必要ですが、家族や友だち、仕事仲間、ひいては亡くなったご先祖様のことも思いやることも大切です。それらを、心を込めてすることは、自分への幸せにつながってくるのではないでしょうか。恨み、不平、不満を言わず、感謝、善徳を積んでいかれることが、最善の幸せにつながり、この世の修業となるのではないでしょうか。

※憑依霊……後日、田中先生にこのことをお訊きしましたところ、この時の涙の人は指導霊だということでした。

おわりに

今から思えば、小さい頃私は友だちに、「大きくなったら本を書くからね」と言っていたのです。どんな本を書く、何について書くか、そんな才能は何一つないのに…。そんな変なことを口に出していたことがありました。私の本名が文子（現在は、神様より迪子《フミコ》という名前をいただき、それを愛用しています）というのも、もしかしたら偶然ではなかったのかもしれません。

波動と出合ってからというもの、私は自分自身の写真を3歳から遡って順番に調べてみました。それについては第5章でも詳しく述べましたが、3歳の時、私はすべてにおいて完璧でした。ところが10歳になると、クモ膜下出血の妄念の霊、副鼻腔炎のキツネ系の霊、臆病の深い悲しみの霊などに取り憑かれました。特に臆病の霊はその後もずっと取り憑いたまま離れることがなく、私は本当に何十年もの間、人前で話すことが苦手の臆病者でした。

本書の中で何度も述べてきたとおり、私は結婚後も苦労と悲しみの連続でした。子どもたちのことばかりでなく、私自身も乳癌の霊障を受けました。手術後、医者からは抗ガン剤治療と放射線治療を勧められましたが、最後まで拒否し続けたのは、長男が薬漬けなったあげく、尊い生命を奪われてしまったことから、二度と同じ轍《てつ》は踏むまいとの固い決意があったからです。次男も難病にかかり、私は看病をし続けなければなりませんでしたが、薬だけは絶対に飲ませることはありませんでした。

そういうなかにあって、私は幸運にもアイデア商品を開発し、ヒットさせることに成功しました。それをきっかけに、主婦ならではの発想で次々と新商品を開発してはヒットさせました。おかげさまで、それらの商品は現在もなお多くの方に愛され続けております。

やがて波動と出合ったことをきっかけに、私は、その後の人生を大きく転換させていくことになりました。特に私に強い衝撃を与えたのが、亡くなった長男の霊写真でした。何気なく撮影したスナップの背景に、手や足のない霊が写っていたりする「心霊写真」というのは数多くあります。しかし、今まさに霊が入ろうとする瞬間の写真を見た人は、おそらくいないでしょう。長男の写真には、まさにそういう霊がはっきり写っていたのです。

こうしたことを皆さんにお伝えするのは、私の生まれながらの役目だったのかもしれません。しかし、波動と出合ったとはいえ、霊障についてほとんど知識がなかった私は、以前のネックレス会社の社長や仲間たちからの、「絶対に霊障をみてはいけないよ。やっている自分のほうが、霊の気を受けてしまい、たいへんなことになるよ」といつも教えられていましたので、霊障を測定しようとは思いませんでした。おそらく、例の臆病が、このときはまだ私に取り憑いたままだったからでしょう。

ところがある時、これとはまったく逆のことを聞かされることになります。それは、別のネックレス会社の社長さんの言葉でした。

「病気がなかなか治らないという人には、ネックレスを勧めると同時に、気の流れ（霊的存在）も見てあげなければだめです。これはとても大切なことです」。

この言葉を聞いて、私はまるで目からうろこが落ちる思いでした。それからというもの、私は霊的なものを学ぼうと、さらに研究と勉強に邁進していきます。その後、いろんなことが解明でき、その社長さんに本を出版する旨をお伝えしたところ、「あなたはよい素質を持っているので、自分の信念をつらぬいて頑張りなさい」という、どんな言葉よりもうれしい励ましをいただきました。この力ある一言で、ますます勇気をいただき、また、私の人生を意義あるものにしていただける人に出会えたことは、本当に幸運な私です。この方も神様と同じプラス99の波動を持っている方です。

しかし、以前の仲間の中には、そんな私に冷たい眼差しを向ける人もいます。ネックレスに霊が憑いているなど、変な言いがかりをつけるなら訴えるとか、医師法・薬事法を恐れて自分たちのグループから脱会せよなど、ずいぶんいろいろなことを言われたものです。

しかし、私は白を白、黒を黒として、ありのままを話しているだけなのです。事実、霊は体だけでなく、ネックレスにも、眼鏡にも、時計にも、服にも、電化製品にも、そして私が使っている波動機にも、ありとあらゆるものに憑いています。それは事実であるのに、言いがかりととらえられたり、意地悪く中傷されたりしては悲しい限りです。

実際には霊の波動が出ているので、測定すればはっきり数値で表れます。波動機を扱える人は、どんどん測定してあげて、真の原因を取り除いていただきたいものです。そして、浄霊すると、例えばある人にそれが憑いていた場合には、その人の体調はそれによってたちまちよくなるのです。

先日も、友人がこの服を着ると肩が凝るというので、服を調べると、五つあるボタンのうちの2個に、肋間神経痛の霊が憑いていることが分かり、浄霊したところ、それ以降、その服を着ても肩が凝らなくなったということもありました。さらに、別の親友が車を運転中眠気が差し、追突事故を3度も起こしたというので調べたところ、親友がつけていたネックレスに脳梗塞の霊が憑いていたことが分かりました。すぐに浄霊すると、それ以降、眠くならなくなったとのことです。

この方達は、私の波動の仲間ですが、この例に限らず、いろんな霊に憑かれている現状です。霊障を測定することを、以前の私のように怖いと思っている傾向がありますが、霊障を測定しなくても、いっぱい憑かれているのですから、知らずに生活していることのほうが、もっと怖いことになります。波動機が扱えれば、最高の能力を発揮できます。自信を持って、たくさんの皆さんを幸せに導いてあげていただけたら、と願ってやみません。

世の中ほとんどこのようなものなのです。ところが、皆がこの事実に気づこうとしないために、いろいろ大変なことが起こってしまうのです。波動機によって、あらゆるものから発せられる波動を測定できるということが分かったのです。

それは、世の中のいろいろな問題を解決する糸口が見つかったということです。そのことに多くの人が気づき、自ら体験されていくことによって、それこそ世の中のありとあらゆる問題や事件、事故や病気などを防げるのではないかと思うのです。身近なところでも、家族やペットの病気やケガ、あらゆる不快な症状などの防御や改善などに役立つことは間違いありません。波動を知ることは、すべてにおいて、解決と改善への道を開くことになるのです。

とはいえ、その道は人それぞれで、同じ問題でも簡単に解決していく人もいれば、足踏み状態を続け、なかなか前に進めない人もいます。例えば、歩いている途中に、ふいに霊に取り憑かれても、それが因縁のないマイナス波動の場合は、その場で浄霊することで、簡単に解決することができます。

ところがわが家のように、怨みやサタンなどの霊に次から次へと取り憑かれてしまう場合は、家人たちが次々と入退院を繰り返したり、手術をしたり、最悪の場合は死亡してしまうなどということがあるかもしれません。しかし、そういう方というのは、全体から見れば、ほんの何パーセントにすぎません。ほとんどの方にとって、それほど難しい道ではないのです。

平成17年の2月、医者から白内障ですぐに手術をするように勧められた方が、私のところにおみえになりました。測定してみると、白内障の霊が憑いていましたので、すぐに浄霊をしました。すると、私の家にいらしたときには、検眼表の一番上の0・1の文字しか見えなかったのに、浄霊後すぐに、なんと下から3番目の1・2まで見ることができたのです。

「見える、見える」と、その方は大声で何度も叫び、心底驚かれた様子でしたが、それは

なんら不思議なことではなく、私にとっては日常茶飯事のことなのです。

実はこの方には後日談があり、しばらくして医者に行ったところ、見事に改善されてい

る目を見て、医者はこう言ったそうです。

「おそらく薬の害が抜けて見えるようになったのでしょう」。

薬の害が、どうしてものの2、3分で消えるというのでしょう。お医者様は、事の成り行きが分かっていらっしゃらないので、このような言葉しか出てこないのかもしれませんが、当の本人は一番よく分かっているはずなのに、私たちはあきれてものも言えませんでした。手術をしても霊障が取れない限り、一生よくならないだろうはずの白内障なのに、そんなことを平然とおっしゃる方がいらっしゃいます。あまりにも不思議で私たちのやったことを否定したかったのでしょうか。

大昔、人々は病気になると祈祷師のところへ行き、御祓いをしてもらったものです。イ

エス様も、目が見えない人を、その場で見えるようにされたといいます。もしかしたら祈祷師もイエス様も、病気を治すために、その場で浄霊されていたのではないでしょうか。

私たちには本来、そのように自分自身で回復していく自然治癒力というものが備わっているのです。大切なことは、私たちが持っているこの自然治癒力というものを、いかに回復していくかということではないかと思うのです。わずか半世紀前を思い出してみてください。私たちの祖父母たちのいったいどれだけの人が、死ぬ直前まで紙おむつをしていたでしょうか。寝たきりのまま、何も分からないまま、何年も何年も生き続けたでしょうか。ほとんどの老人は、みな死ぬまで働いて、そうして生命がつきて死んでいったのです。

それが今ではどうでしょう。生命の尊厳を守ることは大切なことではありますが、あまりにも不必要に延命治療が行われてはいないでしょうか。たしかに西洋医学、保険制度を取り入れたことにより、生まれてきた赤ちゃんの死亡率がぐんと下がり、昔ならとても生きられないような状況下においても、無事成長させていくまでになりました。

ただ最近では、あまりにも西洋医学に頼ろうとする傾向が強まり、染色体や生命維持や生命操作など、まるで神の領域にまで入り込んでいってしまっているのではないかと思えてなりません。

そういうなかにあって、私たちのしていることは、多くの方から賛同をいただけるようなものではないかもしれません。それでもよいのです。この本を読んで、共鳴された方だけが、そして本当に理解してくださった方が少しでもいらしたなら、私たちにとってこれほど嬉しいことはありません。そういう方たちが、こちらを向き求めてくだされば、いつでも手を差し伸べたいと思っています。ただ、それだけの思いなのです。


本の出版が決まった頃より、サタン系の霊達のいろんな妨害が、私や家族、関係者を襲ってきましたが、私たちはそれに屈することなく、それらを自分達の成長の糧《かて》にしてきました。そのおかげで見えない世界が見えてきましたが、これは偶然ではなく、神様のお仕組みだったのかもしれません……。

そして、これらのサタン系の御霊さん達にしろ、先祖や諸々《もろもろ》の霊《れい》さん達も、何十年、何百年と、痛い・悲しい・辛い想いをずっとしていた可哀想な方々です。1日も早く痛みや苦しみを取ってあげ、天国の方に送ってあげれたら、世界平和も夢ではありません。私達にはそれができるのです。

皆さん一人ひとりの力を結集して、自分も家族も友人も……守っていけるのです。皆でやればできるのです。私達は、その第1号をやらせていただきました。いろいろなケースがあると思いますが、中途半端にしないで最後まで頑張ってやり続けてほしいと思います。困ったときはいつでもご相談下さい。お力にならせていただきます。

すべてに感謝！　ありがとうございます。

なお、私どもに共鳴してくださった方、ご賛同くださった方、また話を聞きたいと思われる方は、左記ＦＡＸかホームページへお問い合わせください。

●日本波動士協会
〒444-0908　愛知県岡崎市橋目町字神田21－5
携帯番号　080-3627-5511
ＦＡＸ　0564-32-4781
ホームページ　www.hadoushi.com

著者略歴

野村《ノムラ》　迪子《フミコ》（本名・野村文子）

・昭和22年12月18日生まれ
・射手座・O型・福井県出身
・18年前より主婦のアイデア商品を企画・製造・販売する。
・5年前、波動に出合い、病気・不幸の大本の原因を解明し、また、それらを解決・改善できる道を究める。
・人類始まって以来の方法で、一般の方が自分達で簡単に行うことができる健康法・浄霊法を指導する。
・現在　（株）足ス羽　取締役
　　　　日本波動士協会会長

波動で見抜く人生の真実

2005年8月11日　初版第1刷発行

著　　者　野村　迪子
発 行 者　韮澤 潤一郎
発 行 所　株式会社 たま出版
　　　　　〒160-0004　東京都新宿区四谷4-28-20
　　　　　☎ 03-5369-3051（代表）
　　　　　http://tamabook.com
　　　　　振替　00130-5-94804

印 刷 所　神谷印刷株式会社

ISBN4-8127-0187-2 C0011